교육과 교육학 사이

이론과 현실, 따로 교육은 그만합시다

교육과
교육학
사 이

초판 1쇄 인쇄 2023년 2월 15일
초판 1쇄 발행 2023년 2월 28일
지은이 송재범
펴낸이 홍석
이사 홍성우
인문편집팀장 박월
편집 박주혜
디자인 보통스튜디오
마케팅 이송희·한유리·이민재
관리 최우리·김정선·정원경·홍보람·조영행·김지혜
펴낸곳 도서출판 풀빛
등록 1979년 3월 6일 제2021-000055호
주소 07547 서울특별시 강서구 양천로 583 우림블루나인 A동 21층 2110호
전화 02-363-5995(영업), 02-364-0844(편집)
팩스 070-4275-0445
홈페이지 www.pulbit.co.kr
전자우편 inmun@pulbit.co.kr
ISBN 979-11-6172-871-1 03370

이론과 현실,

따로 교육은 그만합시다

교육과
교육학
사 이

송재범 지음

풀빛

추천사

이상달
(현장 교사 정년 퇴임)

먼저 저자인 교장 선생님과의 일화를 소개하는 것으로 추천사를 시작한다. 수업 중 자주 잠을 자는 학생을 깨워 "너 교장실에 가서 교장 선생님과 상담하고 와!"라고 외치자 정말로 교장실로 들어가 교장 선생님과 상담했던 학생이 있었다. 물론 사전 각본도 없었고, 학생의 학습권 침해(?) 소지와 교장 선생님께는 무례한 일이어서 정말 당황했다. 그 후 자초지종을 여쭈니 "그런 학생이 있으면 종종 보내라. 학생과의 대화도 좋고 진로 상담도 하고 ……"라는 답이 돌아왔다. 서로 웃으며 퉁 치는 이심전심의 상황이었다. 사소(?)한 일이었지만 당사자들 사이에 신뢰가 있었기에 가능했던 일이었으며, 긍정적 태도로 변화하는 학생의 모습에 '교육이란 무엇인지' 다시 생각해보았던 추억이다.

나는 2021년 8월, 38년간의 교직 생활을 마감한 뒤에도 학교에 무슨 미련이 남았는지 주변의 핀잔에도 불구하고 코로나19 후유증을 앓는 학교의 요청을 받으면 열 일 제쳐놓고 달려갔다. 고교 재직 중 함께했던 동료들의 단톡방에 올라오는 저자의 칼럼을 읽으며 볼품없지만 솔직한 댓글을 종종 달았다. 제3회 대한민국 스승상 수상자로서 이 책을 읽으며 추천사가 마치 나의 당연한 책무인 것처럼 감히 받아들여졌고, 코로나19로 인한 혼돈의 교육 현장에서 겪었을 교장 선생님의 고뇌와 학생들을 위한 진정한 교육적 가치를 지향하는 혜안에 충분히 공감할 수 있었다.

인성을 중요시하는 나에게 이 책의 세 꼭지인 사람, 장소, 교육 중에서도 '사람'과 관련된 내용이 특히 눈에 들어왔다. 이 책을 통해 모든 교육 관련 인사가 "아무리 힘들어도 끝끝내 아이들을 사랑하며 관계의 교육학을 중심으로 학교 현장을 이끌어나갔으면 좋겠다"라는 희망을 가져본다.

앞으로 우리 교육 현장에서 모든 구성원의 관계와 경계에 아름다운 개나리꽃이 피어나고, 바람직한 교육 발전을 위해 '교육 깨기'가 아닌 '교육 해체'의 방향으로 훈풍이 불어오길 기대한다. 산적한 교육 현안 해결과 사람 사랑하는 학교 가꾸기에 애쓰시는 교장 선생님께 진심으로 감사의 말씀을 드린다.

추천사

이혁규
(청주교육대학교 총장)

송재범 교장은 나의 친한 친구이다. 소규모 단톡방에 송 교장이 연재하는 칼럼을 올려놓곤 했는데 솔직히 다 읽지는 못했다. 그러나 시간이 나서 읽을 때마다 인용하는 자료의 넓고 깊음이 인상적이었다. 전개하는 논지의 새로움과 교육과 인간을 대하는 따뜻함에 감탄하기도 했다. 그리고 연재한 칼럼을 책으로 엮어낸다며 추천사를 부탁받았을 때는 크게 축하하는 마음이 앞섰다.

저자의 칼럼은 우리 교육과 사회가 코로나19 팬데믹으로 깊고 어두운 터널을 지나야 했던 지난 3년의 세월을 배경으로 하고 있다. 모두가 힘들고 학교도 어렵던 시절에 송 교장은 학교의 안과 밖을 넘나들면서 놓쳐서는 안 될 주제들을 넓은 안목과 날카로운 필치로 갈무리하여 묵직한 메시지로 전달한다. 사실 칼럼은 가장 쓰기 어려운 장르 중 하나이다. 예리한 촉수를 현실의 바다에 뻗어서 시의성 있는 대상을 포획해야 할 뿐만 아니라 대상의 표피가 아니라 저

교육과 ——— 교육학 사이

변에 있는 본질을 관통함으로써 독자에게 영속적인 울림을 남겨야 하기 때문이다.

이 어려운 작업을 저자는 훌륭하게 성취해냄으로써 독자들이 시사時事의 정원에서 지속적으로 함께 고민해야 할 교육과 사회의 화두들을 대면하게 만든다. 이것이 가능했던 것은 서문에서 저자가 직접 밝혔듯이 모든 사건과 사물의 '사이'를 살피고 이질적인 것들의 화해와 통섭을 갈망하는 간절한 염원 때문이리라!

부디 이 책을 읽는 사람들을 통해서 우리 '사람, 장소, 교육'이 분열과 갈등을 넘어서 환대와 성장의 정원으로 탈바꿈되기를 소망한다. 그리고 그러한 소망을 열어가는 새로운 실천의 힘찬 날갯짓을 곳곳에서 목도할 수 있기를 갈망한다.

조희연
(전 성공회대학교 교수)

선진국에 가까워질수록 사회 문제는 복잡해지기 마련이다. 그런데 우리 사회에서 사회 문제의 복잡성이 갈등과 대립의 양상으로 번지고 있다는 점이 더욱 큰 우려를 낳고 있다. 교육의 문제 역시 현안에 대한 의견의 차이가 건강한 논쟁의 차원을 넘어 적대적 대립 양상으로 증폭되면서 발전적 담론보다는 정파적 언쟁의 대상이 되고 있다. 함께 해답을 만들어가고자 하는 공론의 장은 사라지고 배타적 경계 짓기가 횡횡한다.

이 책의 저자는 윤리교육을 전공한 지식인이며 교육행정가로서 현재 고등학교에서 학교관리자로 근무하고 있다. 이 책에는 풍부한 현장 경험과 전문적 이론을 바탕으로 학교교육의 갈등과 변화를 지혜롭게 풀어나갈 해법을 치열하게 고민한 흔적이 가득하다. 전술했듯이 현대 사회의 갈등 양상과 맞물려 교육 현장의 어려움이 가중되고 있는 이 시점에 이 책이 발간된 것이 매우 반갑다.

저자는 그동안 속도전 치르듯 급히 생성된 교육정책의 문제점과 교육의 본질적 가치와 비전에 천착하지 못하고 있는 교육 현실을 비판하면서 '교육 깨기'에서 '교육 해체'로의 전환을 요구한다. 교육 위기의 주요 원인은 새로운 교육 콘텐츠의 부재가 아니라 교육 문제에 대한 우리의 접근 태도에 있기 때문이다. 다양한 교육적 논의 대상에 대해 깨기의 문법인 '싸울거리'가 아니라 건강하고 생산적인 해체의 문법으로 접근해야 한다.

이론과 현실을 잘 접목한 이 책을 교직에 뜻을 품은 대학생, 현재 교육 현장에서 일하고 있는 교사와 교수 등 대한민국의 교육을 고민하는 모두와 공유하고 싶다. 대전환의 시기, 대한민국 교육은 변화된 시대에 부응하기 위해 균형과 공존의 교육으로 나아가야 한다. 새봄 새 희망의 교육이 도래하기를 진심으로 바란다.

모든 경계에는
개나리가 핀다

1983년 봄, 개나리가 노랗다. 교직의 뜻을 품고 83학번으로 입학한 나를 사범대로 걸어가는 길가의 개나리가 맞아주었다. 사범대 건물과 도로 사이의 둔덕에 있는 개나리는 경계선이라기보다는 하나의 영토처럼 보였다. 그리고 도로 너머에는 버들골이라 부르는 더 큰 잔디밭 영토가 자리를 잡고 있었다.

그 영토에서 나는 열심히 공부했고, 열심히 놀기도 했고, 독재와 싸우기도 했다. 그렇게 큰 이변 없이 졸업하고 군대를 다녀오고 일선 학교에 발령받아 꿈에 그리던 교사 생활을 시작했다. 그렇게 일선 학교 현장은 나에게 부여된 또 다른 영토였다.

2020년 봄, 개나리가 보이지 않는다. 분명히 개나리는 피었지만 보이지 않았다. 볼 수 없었다. 코로나19 때문이다. 코로나 바이러스로 인해 교육 현장은 그야말로 하루살이 생활이었다. 현장의 고등학교 교장으로 보낸 3년 ^{2020~2022}은 내가 아무런 방패도 없이 공격을 막아내야 하는 치열한 시간이었다. 그 치열한 싸움을 견디기 위해 나만의 방패를 만들어야겠다고 생각했다. 교육 전문 언론 〈에듀프레스〉에 매월 한 번씩 교육 칼럼을 쓰기로 했다. 코로나19로 인해 지쳐가는 학교 현장의 모습, 비틀거리면서도 결코 쓰러지지 않는 우리 교육의 맷집을 보여주고 싶었다. 이 아픔을 그냥 기억으로만 간직할 수 없었다. 뭔가 기록으로 남겨야 향후 전투를 위한 방패요 재산이 될 수 있다고 생각했다.

2023년 봄, 다시 개나리가 노랗다. 이제 코로나19를 일상으로 여기기 때문이다. 40년 전 새내기 83학번으로 대학에서 보았던 개나리를 이제 근무하는 학교의 담벼락에서 다시 본다. 그 시절 보았던 개나리만큼이나 노랗다. 개나리도 반갑지만 지금 나에게는 든든한 재산이 하나 생겼다. 바로 코로나19 3년간2020~2022을 기록한 칼럼 뭉치다. '매달 한 번씩 쓰겠다는 약속을 왜 했을까'라고 자책하며 호미질했던 나의 소중한 수확물이다.

이 칼럼들을 정리·보완하여 『교육과 교육학 사이』라는 제목으로 엮어서 출판하게 되었다. 어느 정도 공감을 얻을지 모르겠다. 이 책을 널리 알리기 위한 홍보 문구로 "모든 경계에는 개나리가 핀다"를 내세웠다. 어떤 의미일까?

현재 우리 사회는 각종 분열로 몸살을 앓고 있다. 그 분열은 우리 교육(이하 특별한 설명이 없는 한 학교교육을 말한다)도 마찬가지다. 그 분열의 원인은 여러 가지가 있지만, 가장 큰 것은 배타적인 경계 짓기다. 서로 다른 처지로 살아가는 사회에서 경계 짓기는 피할 수 없는 현상이다. 중요한 것은 그 경계를 어떻게 인식하는가이다. 윌슨 Edward O. Wilson 은 나누고 갈라침으로서의 경계가 아니라 학문의 통섭을 위해 다음과 같은 새로운 경계의 의미를 제시한다.

> 학문의 커다란 가지들을 통합하고 문화 전쟁을 종식시키는 방법은 딱 하나뿐이다. 과학 문화와 인문학 문화 간의 경계를 국경으로 보지 않고 양쪽의 협동 작업을 애타게 기다리고 있는 미개척지로 보는 방법뿐이다(에드워드 윌슨, 『통섭』).

결합할 수 없을 것 같은 두 영역의 경계에 서서 석학은 통섭이라는 이름으로 새로운 공존을 시도한다. 그가 취한 방법은 경계를 국경으로 보지 않고 양쪽의 협동 작업을 애타게 기다리고 있는 미개척지로 보는 것이다. 이처럼 우리 교육도 분열로서의 경계가 아닌 새로운 품종의 경계 가꾸기가 필요하다. 경계를 함께 품어야 할 미개척지로 여겨야 한다.

나는 우리 교육이 안고 있는 분열의 경계를 '교육과 교육학 사이'라고 표현했다. 그리고 책 제목으로 삼았다. 한마디로 '교육과 교육학 사이'란 초·중·고등학교 현장의 교육 현실과 대학에서 배우는 강단講壇 교육학 사이의 괴리를 말한다. 학교 현장에서 이루어지는 실제의 교육 실상을 '교육'이라고 표현하고, 대학과 교육연구기관에서 이루어지는 강의와 연구를 '교육학'으로 구분했다. 물론 나의 자의적인 구분과 규정이다. 그런데 이 괴리는 현실적인 것과 이론적인 것의 구분을 넘어 우리의 교육 현장에 수많은 분열과 갈등을 키우는 배양장이다.

그 배양장에서 특정 학설에 기반한 다양한 이론 중심의 강단 교육학이 등장하고, 개별 경험을 절대시하여 성급한 일반화의 오류를 범하는 경험 중시의 교육이 나타나기도 한다. 경험 중심의 교육과 이론 중심의 교육학 사이에 외줄의 경계선만 있을 뿐, 그 사이의 공간, 그 사이의 영토는 없다. 그 배양장에서 교수는 이론 중심의 교육학만 가르치고 교사는 경험 중심의 수업만 하며, 교장(감)은 학교 경영만 하고 행정실은 교육 행정만 한다. 그리고 교육 당국은 지시와 관리만 하며, 교육에 대해 한마디씩 하는 일반 국민은 자신의 이해관계에 따라 교육의 의미를 재단裁斷한다. 우리 모두 함께하는 공유지는 없다.

이런 현실에서 현장 종속의 교육도 아니고 이론 경도의 교육학도 아닌 그 중간 어디에서 꿈틀대는 교육에 관한 이야기가 늘 그리웠다. 외줄의 경계선에 위태롭게 올라탄 교육과 교육학이 아니라, 양쪽의 협동 작업을 애타게 기다리는 공동의 영역에서 함께 뛰노는 교육과 교육학의 모습을 그리고 싶었다. 서점에 화석처럼 전시된 『교육학 개론』을 훑어보는 것에서 벗어나 통섭의 마음으로 모든 분야를 넘나드는 『교육 총론』의 놀이터를 만들고 싶었다. 코로나19가

선사한 반성의 시간 동안 그런 모습을 꿈꾸면서 '교육과 교육학 사이'의 영토에 교육 담론의 씨앗들을 꾸준히 뿌려왔다.

이런 노력으로 이루어진 나의 글들은 어렵지도 않고 쉽지도 않다. 현학적인 교수의 글도 아니고 현실적인 교사의 글도 아니다. 긴 논문도 아니고 짧은 가십성 칼럼도 아니다. 엄밀성을 요구하는 과학적 글도 아니고 상상력을 기대하는 문학적 글도 아니다. 그 중간 어디쯤 있는 '사이'의 글이다. 우리 교육에 대한 서생書生적 문제의식과 상인商人의 현실감각을 가지려는 사람들에게 읽어보기를 권하는 글이다. 교직에 뜻을 품은 대학생과 수험생에게 기계적 암기형 교육학이 아닌 생생한 현장형 교육학으로 읽히기를 바라는 글이다. 교사교육자teacher educator로서의 교수들에게 현장에 대한 지속적인 이해를 부탁하는 글이다. 학교 현장에서 고군분투하는 교원들에게 자신의 이야기를 대신 해주는 변론으로 받아들여지길 희망하는 글이다.*

이 책은 세 개의 부部로 구성되었다. '제1부 사람'은 학교교육과 관련된 사람들에 관한 이야기다. 초·중·고의 학생, 교직원, 학부모, 지역사회 주민 등의 애환이 담겨 있다. '제2부 장소'는 교육이 이루어지는 물리적 공간으로서의 학교, 온라인 공간으로서의 학교를 말

---

* 이 책은 2020년 1월부터 매월 1회씩 교육 전문 언론 〈에듀프레스〉에 연재한 교육 칼럼을 모아 수정·보완한 것이다. 그런 이유로 본문의 제목 아래에 게재 시점을 밝혔다. 각 글의 내용을 현재 시점이 아니라 게재된 시점에서 이해해주길 바란다.

한다. 학교라는 장소에서 연출되는 다양한 교육 장면이 펼쳐진다. '제3부 교육'은 그야말로 교육 자체에 관한 이야기다. 교육의 의미와 적용, 그리고 다양한 교육정책에 이르기까지 지치지 않는 논쟁거리를 담고 있다.

'사람, 장소, 교육'이라는 부제部題는 내가 감명 깊게 읽은 『사람, 장소, 환대』(김현경)라는 책에서 빌려왔다. 저자에 따르면, 사람이 된다는 것은 장소(자리)를 갖는다는 것이고 환대는 자리를 주는 행위다. 사람, 장소, 환대의 세 개념은 맞물려 서로를 지탱한다. 이처럼 사람, 장소, 교육도 맞물려 서로를 지탱해야 한다. 그런데 우리 교육은 환대받지 못하고 있다. 확성기로는 교육의 중요성을 크게 떠들지만, 정작 다른 것들에 밀려나 교육다운 교육의 자리를 배정받지 못하고 있다. 교육에 대한 투자도 중요하지만 먼저 환대받아야 한다.

함민복 시인은 「꽃」이라는 시에서 "모든 경계에는 꽃이 핀다"라고 말한다. '교육과 교육학 사이'의 경계에도 새로운 교육의 꽃이 피었으면 좋겠다. 사범대 입학 40주년을 맞이하는 나에게, 새내기 대학생을 반갑게 맞아주던 그 개나리로 다시 피어났으면 좋겠다. 그래서 "모든 경계에는 개나리가 핀다"라고 외치고 싶다. 특히 '교육과 교육학 사이'의 경계에.

2023년 봄, 신서고등학교의 개나리 담장에서

송재범

차례

추천사 ·4

프롤로그 | 모든 경계에는 개나리가 핀다 ·10

제1부

사람

1. 금치몽자禁治夢者 18세 ·20

2. 온라인 공간, 스승의 그림자를 찾아서 ·27

3. 민주주의의 정원, 누가 잘 가꾸나? ·33

4. 교육은 차갑지만 학교는 따듯하게 ·39

5. 수능 마친 그대, "공부하자, 사람 사랑하는 공부하자" ·44

6. 교사는 성과급으로 인정받는가? ·50

7. '전면 등교', 정작 학생은 어디에 있나요? ·57

8. 각자도생의 시대, 관계의 교육학 ·64

9. 시간을 파는 교장 ·69

10. 교육을 설명하는 자, 사랑하는 자 ·75

11. 경계선의 학교장, 꽃피울 수 있을까? ·81

12. 넌 학생이고 난 선생이야? ·85

제2부

장소

13. 환대의 교실, 그립다 ·98

14. 해체의 눈으로 본 온라인 수업 ·106

15. 추억을 담은 교실 ·111

16. 자유롭고 싶다! ·120

17. 그 많던 공감은 어디로 갔을까? •126

18. 회복탄력성 리바이벌 •131

19. 온라인 개학의 추억 •137

20. 교육에 대한 예의 •145

21. 진보와 보수, 학교에는 없다 •152

22. 피노키오에게 학교란? •158

23. '남한산성'으로 간 교육 •164

24. 학교가 뭐하는 뎁니까? •171

제3부

교육

25. 대입 공정성 논의, 교육적 관점은 어디로? •182

26. 대입 공정성, 새로운 담론을 향하여 •193

27. "이 도끼가 네 도끼냐?" •202

28. 교육부와 코로나19, 대책은 있어도 정책은 없었다 •214

29. 맞춤형 교육에서 주문형으로 •224

30. 된 사람은 어디 있나요? •230

31. 듀이에게 묻다. 요즘 교육 '왜' 피곤할까? •238

32. 교육의 배신 vs 교육의 축복 •245

33. 고교학점제, 고를 만한 물건이 있을까? •252

34. 교육감 선거는 교육답게 •260

35. 허준이 그리고 변별력 •266

36. 메타버스 시대, 우리 교육은? •272

에필로그 | '교육 깨기'에서 '교육 해체'로 •281

참고문헌 •286

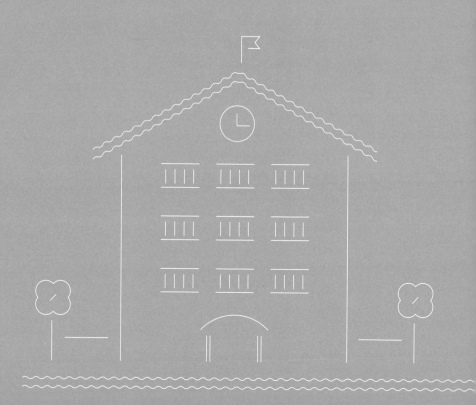

사람

사람이 먼저다!
이것은 정치적 구호가 아니라 그냥 당연한 말이다.
이 외침은 교육이 이루어지는 학교 현장에도 그대로 적용되어야 한다.
그런데 그렇지 못하다. 학생에게는 내일과 인내가 먼저다.
교사에게는 지도와 업무가 먼저다.
학부모에게는 성적과 희생이 먼저다.
어떻게 하면 사람대접 받을 수 있을까?

1

금치몽자禁治夢者 18세

(2020년 2월)

중앙선거관리위원회 선거연수원에서 발간한『만18세, 대한민국 유권자가 되다!』라는 자료를 보았다. '18세 유권자용'이라는 이 자료를 보고 조금 놀랐다. 기대한 것 이상으로(?) 잘 만들어져 있기 때문이다. 선거의 의미, 선거 운동 및 선거 방법 등에 대한 간단한 안내 정도일 것이라고 예상했다. 그런데 간단한 안내가 아니라 풍부한 사례와 자료, 그리고 구체적인 행동 요령들이 이해하기 쉽게 잘 설명되어 있다. 더욱 흡족했던 것은 새롭게 등장한 18세 유권자의 의미와 자세를 제시하는 장면이다. 조금 길지만, 그 주요 내용을 요약·정리하면 다음과 같다.

유권자란 선거에 참여할 수 있는 법적 권리인 선거권을 가진 사람들을 말합니다. 대의 민주주의의 출발이자 가장 핵심이 되는 선거에서 대표를 선출할 수 있는 권리를 가진 사람들입니다. 따

교육과 ——— 교육학 사이

라서 유권자가 된다는 것은 실질적인 국가의 주인으로 거듭난다는 뜻입니다.

그러나 단지 법적으로 부여된 선거권으로 투표를 한다고 진정한 유권자가 되는 것일까요? 자신의 투표권을 제대로 행사하기 위해서는 내가 선택을 하게 된 이유와 목적이 명확해야 하고, 그 선택에 대한 책임을 져야 합니다. 우리의 진지한 생각이나 의견이 선거를 통해 국가 운영에 반영될 수 있도록 노력하고, 그 과정을 통해 우리 공동체가 한 걸음 나아갈 수 있도록 힘을 모을 때 진정한 유권자로 거듭나는 것입니다.

우리가 실질적인 국가의 주인이 되기 위해서는 많은 노력이 필요합니다. …… 중요한 것은 적극적인 관심과 참여, 그리고 함께 고민하고 해결하려는 자세와 태도를 갖는 것, 내 생각을 펼치는 능력을 키우는 것입니다. 일상생활, 학교생활, 가정생활에서부터 정치·사회적 문제에 대한 지식과 경험을 축적하는 것, 이런 노력들이 유권자의 교양을 쌓는 좋은 방법입니다. 단지 이름만 유권자 아니라 실질적인 권한을 행사하는 유권자로서 선거에 참여할 수 있길 바랍니다.

투표 참여를 통해 우리는 국가 운영을 책임지는 대표를 내 손으로 선출하고 국가 정책에 자신의 의견을 반영할 수 있습니다. 물론 내 입장을 대변해줄 후보에게 투표했음에도 불구하고 당장 내 의견이 정책에 반영되지 않을 수도 있습니다. 그러나 중요한 것은 내 목소리를 내는 것입니다. 이를 포기해버린다면 더 이상 대표자들이 내 생각에 귀를 기울이지 않게 되어 더 큰 문제가 될 수도 있습니다. …… 그러므로 투표 참여는 단지 선택할 권리로만 끝낼 것이 아니라 함께 살아가는 세상을 만들기 위해 꼭 실천해야 할 '우리의 목소리 내기'로 인식해야 할 것입니다.

선거를 통해 대표자를 선택한다는 것은 단지 한 사람의 후보를 당선시키는 것보다 훨씬 더 큰 의미를 가집니다. 나의 선택은 내가 바라는 세상, 내가 살아가야 할 세상을 선택하는 것과 같습니다.

그렇다면 우리에게 가장 필요한 것은 무엇일까요? 바로 내 생각을 가지는 것입니다. 내가 바라는 세상, 내가 살아가고픈 세상은 어떤 세상일까에 대한 내 생각을 가지는 것, 그것이 우리가 올바르게 선거에 참여하기 위한 첫걸음입니다. 내가 꿈꾸는 세상이 없다면 나를 대변할 대표를 선택할 기준도, 대표에게 요구할 정책도, 그들의 정치 활동에 대한 비판도 할 수 없습니다. 나는 어떤 세상에 살고 싶은지 진지하게 한번 생각해 보세요. 그것이 아주 큰 추상화여도 좋고, 아주 세세한 정밀화여도 좋습니다. 중요한 것은 내 생각을 갖는 것입니다.

우리가 꿈꾸는 세상은 각각의 영역에서 '정책'이라는 이름으로 실현됩니다. 선거 때가 되면 각 정당들은 분야별로 중요 공약들을 제시합니다. 우선 이것부터 살펴보세요. 내가 생각하는 세상과 맞닿은 지점이 있을 겁니다. 그것이 바로 당신이 그리고 있는 세상입니다. 각 지역에서는 우리 동네를 어떻게 발전시킬지 다양한 이야기들을 들을 수 있습니다. 과연 그것이 내가 생각하는 세상을 만들어가는 데 어떤 도움이 될 수 있는지 상상해 보세요. 여러분도 자신이 꿈꾸는 세상이 있잖아요. 여러분은 스스로 자신이 살아갈 세상을 만들어가야 합니다. 처음으로 국가의 대표를 선택하는 권리를 부여받은 당신, 내가 바라는 지역의 정책들을 결정할 수 있는 당신, 이제 자신의 생각을 정립해 보아야 할 때입니다.

내가 파악한 핵심은 크게 두 가지다. 첫째, 선거는 단지 한 사람을 뽑는 것이 아니라 내가 바라는 세상, 내가 살아가야 할 세상을 선택하는 것이다. 둘째, 자신만의 생각을 가져야 하고, 그 생각이 현실 정책에 반영될 수 있도록 목소리를 내야 한다. 이 두 가지 핵심 요약에 누가 토를 달 수 있을까?

그렇다면 '총선 21호'에 새롭게 탑승한 18세 '뉴권자'를 어떻게 대해야 할까?

먼저, 현실 정치에 대한 정치적 판단력과 실천력을 18세가 담지하고 있는가에 대한 논쟁은 이제 끝내자. 어차피 그것은 정답의 문제가 아니라 사회적 인정의 문제다. 2005년 선거연령이 19세로 낮춰진 이후 15년 만인 2020년에 18세로 낮춰졌다. 18세의 정치 문해력에 대한 인지발달론적 기준이 달라졌다기보다는, 오랜 기간의 논쟁을 통해 사회적 인정을 획득한 것이다. 사회적 인정의 획득이라는 어려웠던 과정을 생각할 때, 당연한 권리를 가져온 것뿐이라는 지나친 정의론적 관점이나 18세의 '정치적 어른성'을 끝내 인정하지 못하겠다는 자세 모두 조심스럽기만 하다.

중앙선거관리위원회의 자료는 이미 방향을 말하고 있다. 내가 꿈꾸는 세상을 그려보라고. 그것이 추상화여도 좋고 정밀화여도 좋다고. 추상화든 정밀화든 그릴 수 없는 사람에게 그려보라는 것은 모순이다. 18세는 자기가 살아가고픈 세상의 모습을 그릴 수 있는 능력이 있다. 정치의 목적이 무엇인가라는 본질적 측면에서 본다면 오히려 18세가 다른 성인들보다 더 훌륭한 그림을 그릴 수도 있지 않을까?

다음으로, 능력이 있다고 해서 그 능력이 저절로 발휘되는 것은 아니다. 그 능력이 발현될 수 있는 환경을 만들어주어야 한다. 18세 유권자가 꿈을 그릴 수 있도록 다양한 사생대회도 개최하고 충분한 화구畵具도 제공되어야 한다. 행사로서의 그리기 대회가 아니라 마음껏 펼칠 수 있는 그리기 마당이 되어야 한다.

우리는 청소년에게 꿈을 가지라고 말한다. 그런데 꿈을 향한 실행 과정으로 들어가면 제약사항이 너무 많다. 18세에는 결혼도 한다(민법). 18세에는 군대도 간다(병역법). 18세에는 운

전면허도 딴다(도로교통법). 이런 것들도 법적 허용과는 달리 현실적인 어려움이 많다. 그런데 18세에 선거권이 있다(공직 선거법)는 규정은 다른 것과 비교해서 법적·현실적 제약사항이 더욱 많다. 교실의 정치화, 학생의 학습권 침해 등 여러 가지 걱정으로 제약이 가해지는 부분도 충분히 이해는 된다. 그런데 그 걱정거리가 혐오의 대상이 된 현실 정치에 대한 조심스러움에서 오는 것이라면, 18세 유권자의 접근을 제한하기보다는 우리 정치에 대해 어른들이 반성하는 계기가 되어야 하지 않을까?

2019년 연말 국회를 통과한 공직선거법 개정안의 다음 조항을 보자.

공직선거법[시행 2020 .1. 14.] [법률 제16864호, 2020. 1. 14, 일부 개정]

제15조 선거권 ①18세 이상의 국민은 대통령 및 국회의원의 선거권이 있다.

제18조 선거권이 없는 자 ①선거일 현재 다음 각 호의 어느 하나에 해당하는 사람은 선거권이 없다.

1. 금치산 선고를 받은 자

이 조항을 보면서 문득 이런 생각이 들었다. 18세의 선거권을 법적으로 인정하면서도 실제로는 18세를 '금치산 선고를 받은 자금치산자'로 취급하는 것은 아닐까? 금치산자란 자기 행위의 결과를 합리적으로 판단할 의사능력이 없는 심신상실의 상태에 있는 자로서, 법원에서 금치산의 선고를 받은 법률상의 무능력자를 말한다.

금치산자禁治産者를 한자 그대로 해석하면 재산産을 행사할治 권리를 금지당한禁 사람者이다. 현재 18세 유권자의 처지가 이렇다고 말한다면, 너무 과한 것일까? 2020년 총선은 18세 유권자가 최초로 그들이 꿈꾸는 세상, 그들이 살아가야 할 세상을 그려보는 축제다. 그런데 어른들에 의해 금치산자로 취급받아 축제다운 축제를 열지 못하고 있다. 더 심하게 표현하면 금치산자를 넘어, 꿈夢을 행사할治 권리를 금지당한禁 사람者, 즉 금치몽자禁治夢者가 되어버렸다. 지금 우리 사회에는 53만여 명의 18세 금치몽자, 그중 9만여 명의 고교생 금치몽자가 있다.

앞으로 18세 유권자의 정치 참여 방식에 대한 논쟁은 계속될 것이다. 수많은 보완 대책도 요구되고 있다. 구체적인 방안과 대책들이 마련되겠지만 그 과정에서 한 가지 방향성만은 꼭 견지되어야 한다. 18세 유권자를 금치몽자禁治夢者의 굴레에서 벗어나게 해주는 방향으로.

2

온라인 공간, 스승의 그림자를 찾아서

(2020년 6월)

'스승의 그림자도 밟지 않는다.' 교사의 위상과 존재감이 뿜뿜 넘치는 속담이다. 하지만 요즘에는 '스승의 그림자는 밟지 않고 스승을 밟는다'라는 자조적인 말이 생겼다. 교사의 위상과 교권이 땅에 떨어졌다는 뜻이다.

코로나19로 인한 온라인 수업 상황에서 교사의 위상은 더욱 떨어져 콜센터 직원이 되었다. 일시적인 대체로서의 온라인 수업이 아니라 상시적인 대세로서의 온라인 수업이 된다면, 디지털 에듀테인먼트에 최적화된 '강의의 신' 한두 사람으로 충분히 수업할 수 있을지도 모른다. 외모가 멋지고, 말이 약간 빠르며, 디지털 리터러시가 뛰어난 스타 강사 몇 명만 있으면 교사 대부분은 필요 없다는 교사 무용론까지 회자된다.

학교교육의 본질적인 목표는 학생들의 바람직한 인성과 사회성을 기르는 곳이기에 교사가 절대적으로 필요하다는 말로는 위로가 되지 않는다. 인성과 사회성 교육은 오프라인의 면

대면 교육을 통해서만 제대로 이루어질 수 있기에 온라인 공간에서의 교사는 일부의 역할만 수행한다는 반쪽짜리 교사 효용론이 나올 수도 있기 때문이다.

온라인 수업의 큰 특징은 시공간의 제약을 받지 않는다는 것이다. 온라인상에서 실제로 교사와 학생은 존재하지 않는다. 존재하는 것처럼 느껴질 뿐이다. 이처럼 교사가 실제로 존재하지 않는, 실재감presence이 결여된 온라인 상황에서 학생의 배움은 한계가 있다. 지식 수업은 가능하지만, 고차원적이고 복합적인 사고력 배양이나 인성교육 등은 불가능하다고 여긴다. 그렇기에 온라인상에서는 굳이 그 많은 교사가 필요 없고 잘 설명하는 똑똑한 몇 사람만 있으면 된다는 거다.

과연 그럴까? 그렇지 않다고 주장하려면, 온라인 수업에서도 많은 교사가 꼭 필요한 이유를 찾아야 한다. 온라인 공간에서도 교사의 존재감을 어떤 식으로든 보여주어야 한다. 교사의 그림자가 보여야 한다. 이러한 필요성으로부터 떠오르는 용어가 교수 실재감teaching presence이다.

교수 실재감은, 교수자교사가 어딘가에 존재하고 학생 또한 그곳에 있다고 느껴서 학습을 가능하게 하는 것을 의미한다. 말 그대로 '실재감'이라는 단어는 무언가 어딘가에 존재한다는 느낌sense of being there을 말한다. 그런데 교수 실재감은 단지 물리적으로 '교수자가 있구나'라고 느껴지는 존재감에서 그치지 않는다. 여기서 더 나아가 교수자^{교사}가 왜 이 내용을 가르치는지 그리고 무엇을 중요하게 생각하는지, 교수자^{교사}의 수업 목표와 핵심이 느껴진다는 의미다. 한마디로 학생에게 수업하는 선생님이 실제 눈앞에 있는 것처럼 느껴지는 것이다.

현재 우리나라 온라인 수업에서는 교사가 수업과 관련된 모든 일을 전담하고 있기에 교수 실재감을 교사 실재감으로 불러도 무방할 것이다. 교사 실재감이 학생들의 학습 성과와 만족도에 큰 영향을 미친다면 몇 명의 스타 강사가 아니라 모든 교사가 필요하다. 일부 학생이 아니라 모든 학생에게 살아 있는 실재감을 뽐내면서 소통하고 교류하는 교사 말이다.

이렇게 본다면 온라인 수업의 성공 여부는 얼마나 교사 실재감을 느끼게 하느냐에 달려 있다. 따라서 교사 실재감을 체감하게 할 수 있는 노력이 필요하다. 온라인 수업 상황에 구체적으로 적용하기 위한 교사 실재감의 구현 원리(BEING)를 신을진은 『온라인 수업, 교사 실재감이 답이다』에서 다음과 같이 네 가지로 제시하고 있다.

① 연결되는 관계 만들기 **B**uilding relationship

② 교사 존재감 나타내기 Showing my **E**xistence

③ 수업의 흐름 이끌기 Taking **IN**itiative

④ 피드백으로 다가가기 **G**iving feedback

교사 실재감의 관점에서 보면 온라인 수업에서 교사의 존재는 절대적이다. 모든 학생의 학습 성과와 책임 수업이라는 차원에서 더 많은 교사가 필요하다. 교사가 콜센터 직원이 된다는 것은 자기비하적 표현일 수도 있지만, 역으로 생각하면 교사만 콜 할 수 있는 힘을 갖고 있다는 의미이기도 하다. 학교의 담임 교사나 교과 교사가 학습을 위해 학생을 책임감 있게 콜 했을 때 학생들은 응한다.

몇 명의 스타 강사가 자신의 추종자(?)들을 콜 할 수 있지만, 책임져야 하는 모든 학생을 콜 할 수 있을까? 학생의 형편과 학업 수준을 고려한 책임 있는 개인별 맞춤형 교육을 진행할 수 있을까? 컴퓨터만 켜놓고 딴짓하는 학생을 컴퓨터 앞에 바르게 앉게 할 사람이 선생님 외에 누가 또 있는가?

온라인 공간에서의 교사 실재감을 높이기 위해 노력해야 한다. 그런데 이를 위해서는 교사의 존재 모습이 달라져야 한다. 권위적인 교사, 일방적인 지식 전달의 교사 등으로 상징되는 전통적인 모습을 뛰어넘어 뉴노멀new normal의 교사상을 요구받고 있다. 교사에게 요구하는 모습이 너무 많아서 생각나는 대로 적어보자. 조력자, 촉진자, 안내자, 가이드, 학습 코치, 학습 디자이너, 피드백 제공자, 티처teacher보다는 튜터tutor, 배움의 장면을 연출하는 큐레이터, 콘텐츠 전문가보다는 맥락 전문가 등.

글을 읽을 때마다 다양한 측면을 강조하는 새로운 교사상을 발견한다. 아마 교사는 배우여야 할 것 같다. 더 나아가 교사는 "인류의 삶과 시대의 흐름을 연관지어 볼 수 있는 판단의 틀을 갖고 학생들에게 통찰을 제공할 수 있는 파수꾼"(이수광, 「체제 전환의 교육 철학」)이라는 글도 보았다. 교사가 전지전능의 수준까지 요구받고 있다.

샤미소Adelbert von Chamisso의 소설 『그림자를 판 사나이』에서 주인공은 황금이 든 행운의 자루와 자신의 그림자를 바꾼다. 모든 사람이 갖고 있는 자신만의 그림자를 팔아버린 것이다. 그 이후로 그림자 없는 그를 사람들은 사람대접하지 않는다. 김현경은 『사람, 장소, 환대』에서 샤미소가 그리고 있는 그림자를 사회라는 공동체의 성원권으로 해석한다. 즉 사람이라는 것은 사회의 구성원으로서 일종의 자격인데, 그림자가 없는 사람은 사회 구성원의 자격을 잃어버린 것이다. 그가 사회 안에서 설 자리, 설 장소가 없다.

'스승의 그림자도 밟지 않는다?' 스승의 그림자, 밟히느냐 밟히지 않느냐 이전에 그림자가 있느냐 없느냐의 실존적 문제가 우선이다. 누구는 온라인 공간에서는 스승의 그림자가 사라질지도 모른다고 겁을 준다. 스승이 설 자리와 장소가 없다는 것이다. 하지만 교사 실재감에서 보았듯이, 교육공학적으로 스승의 그림자는 온라인 공간에서도 꼭 필요하다. 스승은 도처에 필요하다. 다만 그림자의 모습은 시대의 요구에 따라 달라질 수 있다. 권위적인 스승의 모습부터 파수꾼에 이르기까지 스승의 모습은 다양한 그림자로 어른거린다. 스승의 날이 없어도 스승으로서 교사의 그림자는 절대 필요하다.

3

민주주의의 정원, 누가 잘 가꾸나?

(2020년 7월)

2020년 전반기가 지났다. 많은 일이 있었지만, 코로나19 상황이라는 비정상적 얼개를 벗어날 수 없었다. 그와 같은 비상 상황에서 제21대 총선이 끝났다. 그 뜨거웠던 18세 선거권 논쟁도 끝났다. 그러나 사전事前의 뜨거움이 무색하리만큼 18세의 선거 결과와 의미에 대한 논의는 거의 없다. 온라인 개학에 맞춰 일부 학교에서는 학생회장 선거를 온라인으로 실시했다. 새로 구성된 국회는 역시나 극한 대립 속에서 바람직하지 못한 모습으로 원 구성을 마쳤다. 이러한 일련의 정치 과정이 민주적인 법과 절차대로 이루어지긴 했지만, 큰 보람보다는 왠지 아쉬움으로 남는 이유는 왜일까?

이런 안타까움으로부터 한 권의 책이 생각났다. 『민주주의의 정원』(에릭 리우, 닉 하나우어)이다. 이 책에서는 민주주의를 정원에 비유한다. 그리고 민주주의 사회를 살아가는 시민을 민주주의를 가꾸는 정원사라고 한다. 정원에는 정원사가 필요하다. 즉 씨를 뿌리고 김을 매고 시민 권력의 생태계를 가꾸어 나감으로써 소수가 아닌 다수에게 이익을 안기려는 의지와 능력을 지닌 시민이 필요하다.

훌륭한 정원사는 절대 '자연 그대로' 내버려두지 않는다. 그들은 자신의 정원에 책임을 진다. 아름다운 정원은 지속적인 투자와 개선을 통해서만 유지될 수 있다. 훌륭한 정원사는 흙을 갈아엎고 여러 식물을 바꿔가며 심는다.

저자는 민주주의를 정원에 비유하면서 세계의 정치·경제적 질서를 이해하는 방식으로 새로운 용어를 제시한다. 바로 '기계형 지성Machinebrain'과 '정원형 지성Gardenbrain'이다. '기계형 지성'은 합리적인 동물로서의 인간, 완벽한 등식으로 운용되는 세계라는 관점을 갖는다. 이와 다르게 '정원형 지성'은 비합리적이지만 선의善意를 가진 인간, 하나의 생태계로서 변화하고 숨 쉬는 세계라는 관점을 갖는다. 기계형 지성의 관점에서 보면, 민주주의는 시계와 톱니바퀴, 영구 운동기관, 균형과 평형력 등으로 설명되는 기계장치 같은 것이고 사람들은 톱니바퀴를 구성하는 각각의 톱니다. 정원형 지성의 관점에서 보면, 민주주의는 얽히고설킨 하나의 생태계이며 사람들은 역동적인 세계를 구성하는 독립적인 창조자다.

저자는 오늘날 민주주의의 위기를 보면서, 우리가 오랫동안 가져왔던 '기계형 지성'을 버리고 '정원형 지성'의 관점을 가지라고 요구한다. 다시 말해 '정원형 지성'의 관점에서 민주주의를 하나의 정원으로 이해하고 가꾸어야 한다는 것이다. 시민 생활과 공동체 생활이라는 정원, 시장과 경제라는 정원, 그리고 지역적 차원에서 국가적 차원에 이르는 '우리의 정부'라는 정원이다. 제도만 갖추면 자동으로 작동되는 정원이 아니라 하루하루 세심하게 가꾸고 살펴야 하는 민주주의의 정원 말이다.

저자의 말대로 우리가 살아가고 있는 민주주의 시스템은 기계처럼 자동으로 움직이는 '시계공의 법'이 아니라 매일 가꾸어야 하는 '정원사의 법'에 따라 움직이는 것이다.

'정원형 지성'의 관점에서 보면 민주주의는 결과가 아니라 과정이라는 것을 다시 한번 확인할 수 있다. 민주주의는 완성된 실체가 아니라 우리가 지향하는 이상을 향해 걸어가는 과정의 연속이다. 그런데 우리는 이것을 종종 잊는다. 민주적 방식으로 어떤 제도를 만들어놓기만 하면 자동으로 그 제도가 목적한 대로 잘 운영되리라고 생각한다. 소위 '제도로서의 민주주의'에 올인하는 습성을 버리지 못하는 것이다. '기계형 지성'의 관점, '시계공의 법'에서 벗어나지 못하고 있다.

이런 측면에서 이번 18세 선거를 한번 되돌아보자. 이번에 우리는 53만여 명의 청소년에게 새로운 선거권을 부여했다. 선거에 대한 새로운 제도, 새로운 법이 만들어진 것이다. 그중에는 고등학생도 있었다. 학생에게 각자 선택하고 가꿀 수 있는 민주주의의 정원이 하나씩 주어진 것이다. 자기에게 마음대로 가꿀 수 있는 정원이 주어졌으니, 얼마나 기쁘고 설렜을까?

그런데 거기까지였다. 그들에게 제도로서의 정원이 주어졌지만, 정원을 가꿀 재료와 도구 그리고 시간은 제대로 주지 않았다. 초보자이기에 정원 가꾸기 요령에 대한 설명도 필요했지만, 그 설명을 위한 선거 교육도 거부되었다. 정원은 주어졌지만 '정원형 지성'의 관점에서 정원을 가꿀 수 있는 실질적 자유가 허락되지 않았다. 18세 선거권이라는 제도가 완성되었으니, 가만히 있어도 그 제도가 목적한 대로 잘 운영될 것이라는 안일한 태도를 보였다. 정원을 주었으니 가만히 기다리기만 하면 정원에서 각종 화초가 알아서 적절하게 자라날 것이라는 '기계형 지성'의 사고방식에서 벗어나지 못한 것이다. 학생들은 어렵게 획득한 민주주의의 정원에서 하루하루 그곳을 가꾸고 일구는 재미를 크게 느낄 수 없었다.

이와는 대조적으로 일부 학교에서 온라인으로 실시한 학생회장 선거는 큰 울림을 주었다. 온라인 개학으로 대면이 어려운 상황에서 일부 학교에서는 선거관리위원회의 도움을 받아 온라인으로 학생회장 선거를 치렀다. 학생회가 주도하여 온라인 모집으로 선거관리위원회를 구성하고, 온라인 선거 공고, 온라인 선거 입후보, 온라인 선거 운동, 온라인 합동 연설회, 온라인 투표에 이르기까지 학생들은 멋지게 온라인 선거를 진행했다. 온라인 선거를 치른 대부분의 학교가 온라인 투표율이 90퍼센트 안팎에 이를 정도로 학생들의 참여율도 높았다. '과연 잘 해낼 수 있을까' 우려도 있었지만, 학생들은 다양한 동영상으로 선거 운동을 하면서 즐기는 모습이었다.

대립과 투쟁으로 각인된 어른들의 선거와는 다른 모습이었다. 어른들은 18세 학생들의 선거 역량을 걱정했지만, 오히려 걱정을 끼치는 것은 어른들이 아닌가? 학생들은 '정원형 지성'의 모습으로 나아가고 있는데, 어른들은 '기계형 지성'의 틀 안에 스스로 감금된 듯하다. 학생들은 자기에게 주어진 민주주의의 정원을 알차게 꾸미려고 하는데, 어른들은 자신의 정원 가꾸기보다는 타인의 정원 망가뜨리기에 열중하고 있지 않은가?

2011년 영문으로 출간된 『민주주의 정원』이 우리나라에서 2017년에 번역·출간될 때 저자는 '한국의 독자들에게' 다음과 같은 메시지를 보냈다.

고백하건대, 2011년 『민주주의의 정원』이 출간되던 당시만 해도 우리는 도널드 트럼프Donald Trump가 미국의 대통령이 되리라는 가능성을 전혀 고려하지 못했다. 그러나 한편으로 우리는 또한, 지금의 트럼프 당선으로 인해 이 책에 담긴 생각과 교훈들이 미국뿐 아니라 전 세계적으로 더욱 시급하고 타당성 있게 다가오리라 확신한다. …… 사실 지금 『민주주의의 정원』을 다시 읽으면서, 우리는 트럼프 행정부가 철 지난 20세기 기계형 사고방식의 논리적 끄트머리를 붙잡고 있다고 해석하고 싶어졌다. 트럼프의 페르소나만큼이나 그의 어젠다는 날것 그대로의 단기적 이기심이 장기적인 관점의 시민의식을 대체할 때 벌어지는 결과라 할 수 있다. 또한 독단적인 정책 결정자들이 대중을 강제할 수 있다고 생각할 때, 즉 제로섬과 공포를 바탕으로 한 결핍적 사고가 국내외 정책을 이끌어갈 때 발생하는 결과이기도 하다.

미래는 그러한 사고방식을 가진 지도자 혹은 대중을 위한 것이 아니다. 미래는 새로운 방식의 시선과 대화와 자치를 꿈꿀 준비가 되어 있는 사람들을 위한 것이다. 그리고 그 방식이란 상호의존과 상호협력, 상호이익의 힘을 인지하는 것이다.

민주주의는 정원 가꾸기다. 한 번의 심기 작업으로 끝나는 것이 아니라 계속 살피고 가꾸어야 한다. 살핌을 소홀히 하면 정원에는 잡풀이 자라나 바라보는 이의 눈살을 찌푸리게 한다. 수확으로서의 민주주의가 아니라 가꿈으로서의 민주주의가 필요하다. 지금부터라도 학생들에게 민주주의 정원을 가꿀 수 있는 충분한 재료와 시간을 주자. 오늘도 싸우는 어른들보다 훨씬 더 잘 가꿀 수 있다.

4

교육은 차갑지만
학교는 따뜻하게
(2020년 11월)

11월이다. 날씨가 차가워졌다. 날씨만 차가워진 것이 아니라 사람들의 마음도 차갑게 느껴진다. 코로나19 탓으로만 돌릴 수 없는 그 어떤 지속적인 차가움이 많은 사람의 몸짓에서 날카롭게 묻어난다. 가수 나훈아의 "테스형, 세상이 왜 이렇게 힘들어"라는 넋두리가 "세상이 왜 이렇게 차가워"로 들린다. 그래서 이번 칼럼은 따뜻한 이야기를 쓰고 싶다. 마음만 먹으면 따뜻한 이야기는 많다.

우리 학교의 한 선생님께서 환갑을 맞이하셨다. 이제 우리 학교가 교직 생활의 마지막 학교가 된다. 환갑을 맞이하여 선생님의 자리가 있는 작은 교무실에서 몇 선생님과 함께 조촐한 축하 파티를 가졌다. 나와 교감 선생님도 축하의 자리에 함께했다.

꽃다발을 전하고, 축하 노래를 함께 부르고, 케이크의 촛불도 껐다. 그리고 케이크를 나누어 먹으며 담소의 시간을 가졌다. 담소 중에 주인공인 선생님께서 ○○○○년 ○○중에서 처음으로 교직을 시작하여 이제 지금 우리 학교가 마지막 학교라고 말씀하셨다. 그 말을 듣고 있던 교감 선생님께서 깜짝 놀라셨다.

"선생님, ○○중에서 근무하셨다고요? 저 당시에 그 학교의 학생이었어요."

"그래요? 저 그때 ○학년 ○반의 담임이었는데……."

"맞네요, 선생님. 그때 선생님이 저희 반의 담임 선생님이었어요."

"세상에나! 맞아요, 교감 선생님. 이름과 얼굴이 어렴풋이 기억날 것 같아요."

참으로 믿기 어려운 만남이다. 첫 교직 생활에서 만난 제자가 마지막 근무 학교의 교감이 되어서 다시 만나다니! 제자가 잘 성장해서 32년 만에 교감 선생님으로 다시 만나게 되니, 환갑의 선생님은 뜻밖의 깜짝 선물이라고 감동의 눈물을 훔치신다. 이런 만남의 모습을 어떤 언어로 실감 나게 표현할 수 있을까? 잘 떠오르지 않는다. 다만 어떤 식으로 표현하든 차가움이 느껴지는 단어보다는 따뜻함으로 다가오는 단어가 자연스럽게 등장할 것 같다. 추상적으로 표현되는 '교육 현실'은 분석적이고 차갑게 그려질지 몰라도, 구체적으로 경험되는 '학교 현장'은 이렇게 인간적이고 따뜻한 에피소드가 많다. 따뜻한 언어로 그려질 수 있는…….

언제부터인가 교육에 관한 이야기는 차가운 언어가 주를 이루게 되었다. 종종 따뜻한 이야기도 등장하지만, 일회적이거나 특별한 미담으로 다루어지기 십상이다. 때로는 교육에 대한 따뜻한 언어의 표출이 심각한 교육 문제에 눈감아버리는 행태로 취급되기도 한다. '라떼는 말이야'의 비난을 감수하고서라도 내가 젊었을 때의 교직 생활을 되돌아보면, 그 어려움 속에서도 따뜻한 언어가 훨씬 많았다. 부정적인 언어도 타인에 대한 비난보다는 어쩔 수 없는 한계를 지적하는 경우가 많았다.

교육 담론의 차가움은 코로나19로 더욱 심해졌다. 방역 대책, 원격 수업, 학습 격차 등 코로나19 시대에 새롭게 등장한 이슈는 전 국민을 교육 칼럼니스트로 만들었다. 정말로 많은 의견이 다양한 언어로 표출되고 있다. 그런데 대부분은 교육 당국에 대해 '~을 해야 한다'라는 요구의 형태를 띤다. 그리고 입장에 따라 서로 다른 요구를 하지만, 최종적인 종착점은 대부분 다음의 두 가지다. 첫째, 교육의 본질이 무엇인가를 생각해보자. 둘째, 지엽적인 대책이 아닌 근본적인 대책을 마련하자.

생각할수록 너무나 당연한 이야기이지만, 이러한 주장과 요구들이 따뜻한 호소보다는 차가운 방백(傍白)으로 느껴지는 것은 왜일까? 이 지겨운 코로나19 상황에서 벗어나기 위해 교육의 본질 추구와 근본적인 대책을 요구하지만, 그게 단번에 이루어질 수 없음을 알기에 그 허기가 차가운 기운으로 나타나는 것이 아닐까? 그렇다면 근본적인 대책이 될 수는 없지만, 그 허기를 조금이라도 채울 수 있는 좀 더 현실적이고 인간적인 전략을 찾아야 하지 않을까? 풍성한 식탁보다도 갈등 해소를 위한 물 한 모금 같은 교육 담론과 언어가 필요하다.

『언어의 온도』(이기주)에서 저자는 이렇게 말한다.

특별한 글쓰기 비법 같은 건 존재하지 않는다고 생각한다. 한 편의 글을 완성하는 일은 고치는 행위의 연속일 뿐이다. 문장을 작성하고 마침표를 찍는다고 해서 괜찮은 글이 자연발생적으로 생겨날 리 없다. 좀 더 가치 있는 단어와 문장을 찾아낼 때까지 펜을 들고 있어야 한다. 그렇게 지루하고 평범한 일에 익숙해질 때, 반복과의 싸움을 견딜 때 글은 깊어지고 단단해진다.

한 편의 글을 완성하는 것이 고치는 행위의 연속이고 반복과의 싸움인 것처럼, 코로나19와의 싸움도 이와 마찬가지 방식으로 접근해야 한다. 코로나19의 양상을 보면 일시적인 사고事故라기보다는 정상 사고normal accidents에 가깝다. 즉 세상이 복잡하고 긴밀하게 연계되어 있기에 불가피하게 발생할 수밖에 없는 사고다. 특정한 지역에서 발생하는 일회적 사고가 아니라 언제 어디서든 지속적으로 반복될 수 있는 사고의 연속, 정상적인 형태의 사고인 것이다. 그래서 그 해결책도 근본적인 치유를 목표로 하지만, 실질적으로 코로나19와의 결별보다는 어쩔 수 없는 동행의 차원에서 접근해야 한다.

이 고된 코로나19와의 싸움에서는 냉철한 분석도 필요하지만 따뜻한 언어도 필요하다. 세상도 차갑고 교육에 대한 시선도 차갑다. 하지만 '학교'는 따뜻해야 한다. 따뜻한 언어로 표현되는 무대가 되어야 한다. 교감 선생님으로 다시 만난 제자의 이야기처럼, 따뜻한 언어로 표현되는 다양한 장면이 학교에서 연출되어야 한다. 학교는 따뜻한 스토리가 이어지는 소극장이어야 한다.

5

수능 마친 그대,
"공부하자, 사람 사랑하는 공부하자"

(2020년 12월)

"얘들아, 수고했다. 정말로 고생이 많았다."

고등학교 교장으로서 수능을 마친 고3 학생들에게 해줄 말은 이것밖에 없다. 사상 최초로 가림막이 설치된 옹색한 책상 위에서 시험지와의 씨름을 마친 학생들에게 그 이상 어떤 말을 해줄 수 있을까? 그런데 미안하지만, 그들에게 다시 '공부하자'라고 권하고 싶다. 수능을 어렵게 마쳤는데, 곧바로 또 공부하자고 하니, 이게 무슨 고문 같은 소리란 말인가? 도대체 뭘 또 공부하자는 것인가?

결론부터 말하면, 이제 수능 대비 같은 공부는 그만하자는 것이다. 수능을 위한 공부는 생존을 위해 어쩔 수 없이 한 것일 뿐, 이제부터는 진짜 공부, 공부다운 공부를 하자는 것이다. 그렇다면 어떤 공부가 공부다운 공부인가? 한국인에게 공부 하면 많이 회자膾炙되는 말이 다음과 같은 『논어』의 첫 구절이다.

學而時習之不亦說乎 학이시습지불역열호

이 구절에 대해 많은 해석이 있지만, 핵심은 공부 자체가 기쁘다說는 것이다. 배움과 공부에서 얻는 기쁨이 얼마나 크기에 『논어』의 첫 마디부터 등장할까! 그 기쁨을 『논어』의 다른 곳(子罕篇)에서는 욕파불능欲罷不能으로 표현한다. '그만두려고 해도 그만둘 수가 없다'는 말이다. 공부가 너무 재미있어서 여건상 그만두려고 해도 도저히 그만둘 수 없는 상태를 말한다.

지금의 수능 공부에서는 상상할 수 없는 상황이다. 어떻게 하면 이런 공부를 할 수 있을까? 수능을 마친 고3에게 필요한 공부는 어떤 것일까? 다음의 세 가지 공부를 권한다.

첫째, 정답이 없는 공부를 하자. 수능에서 강요하는 정답 찾기 공부는 그만하자. 공부는 뭔가 모르는 것이 있다는 것에서 출발한다. 모르는 것이 있기에 그것이 뭘까 하는 물음으로부터 공부는 시작된다. 따라서 공부는 원래 답을 찾는 과정이 아니라 물음을 던지는 과정이다. 그것은 모르는 것에 대한 물음이고, 아는 것에 대해서도 물음표를 던지면서 새로운 깨달음을 얻는 과정이다. 묻지 않고서는 제대로 배울 수 없다. 질문이 있는 교실을 강조하는 이유가 여기에 있다.

그런데 수능은 공부를 질문의 과정이 아니라 정답을 찾는 선택의 과정으로 만들어버렸다. 선택도 자유로운 선택이 아니라, 매력적인 오답의 유혹을 물리치고 출제자가 정한 한 가지를 정확하게 찍어야 한다. 국가에서 정답으로 공인한 한 가지를 정확하게 찾아내야 한다. 이를 위해서는 출제자의 의도를 정확히 읽어야 한다. 왜 매년 전국의 고3이 배움을 향한 질문이 아니라 출제자가 마음에 두고 있는 정답을 찾아 사냥에 나서야 하는가? 정답을 찾을 때까지 잘못된 선택을 계속 붙들고 늘어지는 오답 노트 공부 전략을 언제까지 지속할 것인가?

이제 정답이 없는 공부를 하자. 이미 정답 찾기에 익숙해진 학생들에게 쉽지만은 않을 것이다. 정답을 전제하지 않은 자유로운 배움의 과정에서 혼란을 겪기도 한다. 그러나 공부의 대상인 세상은 수많은 현상과 의견이 있을 뿐, 모든 사람이 일치하는 하나의 정답이 있을 수 없다. 굳이 답을 찾고자 한다면 그것은 선택이 아닌 물음의 방식을 통해서 얻을 수 있다. 쉼 없이 질문을 던지다보면 어느 순간 우리는 어떤 배움 또는 깨달음 같은 것을 느낄 수 있다. 답은 물음표 속에 이미 자리를 잡고 있다. 끈질긴 질문으로 물음표를 아래로 계속 잡아당기면 느낌표가 된다. 느낌표를 품고 있는 물음표가 도처에서 우리의 부름을 기다리고 있다.

둘째, 다양한 언어를 공부하자. 우리는 공부 하면 두 가지 방식을 떠올린다. 하나는 다방면에 걸쳐서 하는 공부 즉 넓게 하는 공부가 있고, 다른 하나는 어떤 분야를 심도 있게 하는 공부 즉 깊게 하는 공부가 있다. 넓은 공부와 깊은 공부가 모두 필요하지만, 우선 넓은 공부로서 다양한 언어를 공부하자. 사람들은 자신의 생각을 다양한 언어로 내뱉는다. 하이데거M. Heidegger 는 "언어는 존재의 집"이라고 했고, 니체F. W. Nietzsche는 "꿀벌은 밀랍으로 집을 짓고 살지만, 사람은 개념으로 집을 짓고 살아 간다"고 했듯이, 한 사람이 사용하는 언어와 개념을 통해서 우 리는 그 사람의 모습을 읽을 수 있다.

그런데 학생들과 대화하다보면 사용하는 언어(개념)가 한정되 어 있거나 부족하다는 느낌을 지울 수 없다. 하고 싶은 말은 많 은데, 어떤 말로 해야 할지 몰라 답답해하는 경우도 종종 본다. 많은 말을 하지만 같은 말을 중언부언重言復言하고 있음에 스스로 안타까워하는 학생도 많다. 풍부한 언어를 갖고 있지 못하기 때 문이다. 교육과정과 교과서라는 갇힌 공간에서의 한정된 언어 들로 인해 사고思考 또한 얽매여 있기 때문이다. 그 언어마저도 충분히 이해하지 못하고 눈에 보이는 대로 외워버렸기 때문이다.

이제 다양한 언어를 공부하자. 교과서에 갇힌 언어를 넘어 세상에 존재하는 엄청난 언어와 아무런 조건 없이 만나보자. 어려운 언어라고 피하지 말자. 언어가 풍부할수록 우리의 삶 도 풍부해진다. 들뢰즈G. Deleuze는 개념이 곧 인격이라고 했다. 그 사람의 인격과 품격 수준은 그 사람이 사용하는 개념, 그 사 람이 사용하는 언어를 보면 알 수 있다. 현재 우리 사회의 언어 는 너무 무섭다. 관용과 이해의 언어보다는 정죄定罪와 혐오嫌惡 의 언어가 넘친다. 수많은 풍부한 언어가 편 가르기 언어의 대표 주자에 묻혀 숨을 죽이고 있다. 그 풍요로운 언어들을 끌어내어 우리 사회를 풍요롭게 만들어야 한다.

셋째, 사람을 사랑하는 공부를 하자. 지금 우리 교육에는 4차 산업혁명, 인공지능, 코딩 등 미래를 향한 생존 전략들이 판을 치고 있다. 어디를 찾아봐도 따뜻한 사람의 모습은 보이지 않는다. 사람들이 내뿜는 따뜻한 사랑의 향기가 느껴지지 않는다. 우리는 인공지능의 미래를 이야기하면서 두 가지 삶의 방향을 제시한다. 하나는 인간이 인공지능과 공존할 수 있는 삶의 뉴노멀을 찾아야 한다는 것이고, 다른 하나는 인공지능이 넘볼 수 없는 인간만의 고유한 장점을 살려야 한다는 것이다.

사람들은 인간만의 고유한 장점으로 정서, 감정 등을 말한다. 과연 그럴까? 인간만이 사랑과 같은 감정을 느낄 수 있을까? 2001년에 개봉한 영화 〈에이아이AI〉에서는 미래의 지구에서 인간을 사랑하게끔 프로그래밍된 최초의 로봇 소년 데이빗이 등장한다. 사랑하도록 프로그래밍된 로봇 소년은 입양된 가정의 인간 엄마에게 시공간을 넘어서는 영원한 사랑을 보여준다. 나는 이 영화를 보면서 감동과 함께 섬뜩함도 느꼈다. 원래 사랑의 존재로 태어난 진짜 인간이 살아가는 세상에서는 사랑이 점점 식어가고 있는데, 미래에 나타나게 될 인공지능은 영원한 사랑을 간직하고 있다니! 아무리 인공지능이 발달해도 사람의 정서·감정은 넘볼 수 없다고 자신할 수 있는가?

인공지능의 사랑은 진짜가 아니라 인간이 만들어낸 프로그래밍된 사이비 사랑일 뿐이라고 치부할 것인가?

사람을 사랑하는 공부를 하자. 사람을 사랑하는 것에도 공부가 필요하다. 현재 우리 사회에서 발생하는 수많은 사람 경시의 사례는 사랑이라는 정서 부족보다는 제대로 사람을 사랑하는 방법을 알지 못하는 데 그 원인이 있다. 자신의 출세와 생존을 위해서는 모든 자원을 투입하여 공부하면서도, 사람을 사랑하는 방법에 관해서는 공부하지 않기 때문이다. 그런데 사람을 사랑하는 공부가 말처럼 쉬운 것만은 아니다. 수능 시험 과목처럼 교과서도 없고 공유화된 설명서도 없다. 하지만 역설적으로 말하면 그 어느 공부보다도 쉽다. 특정 교과서나 설명서에 얽매임 없이 자기의 형편대로 자신의 방식대로 공부할 수 있기 때문이다. 중요한 것은 평생 공부해야 할 항목에 사람에 대한 사랑도 포함됨을 인정하는 것이다.

수능을 마친 고3들이여! 지금부터 정답이 없는 공부를 하자. 다양한 언어를 공부하자. 사람을 사랑하는 공부를 하자.

그리고 모든 학생이 이런 공부를 할 수 있도록 우리 교육이, 우리 학교가 바뀌어야 한다. 학생들에게 학교는 정답이 아니라 물음표를 사고파는 시장이 되어야 한다. 학생들에게 학교는 다양한 언어를 만날 수 있는 만남의 광장이 되어야 한다. 학생들에게 학교는 사람 사랑법을 공부시키는 사랑학 교실이 되어야 한다.

6

교사는 성과급으로 인정받는가?

(2021년 5월)

"교장 선생님, 성과급 B 받았어요. 저는 B급 교사니까 그 정도만 일할래요."

올해에도 어김없이 교원 성과급(교육공무원 성과상여금) B등급을 받은 교사의 항의(?)를 받았다. 매년 4~5월 연례행사처럼 등장하는 이 현상 앞에서 안타까움과 함께 교육 당국에 대한 불만을 감출 수 없다. 왜 이런 현상이 반복되어야 하는가? 왜 교원 성과급이 계속 존재해야 하는가? 왜 교장은 매년 죄인 아닌 죄인이 되어야 하는가?

결론부터 말한다. 지금과 같은 차등 지급식의 교원 성과급제는 당장 폐지되어야 한다. 폐지해야 하는 이유는 교원 성과급이 도입된 2001년부터 수많은 사람이 계속 지적했기 때문에 다시 언급하기에 입이 아플 정도다. 사람을 대상으로 하는 교육 활동을 정량적인 평가로 환산할 수 있느냐는 교육철학적인 문제 제기부터, 환산한다면 모든 교사가 인정할 수 있는 객관적 기준이 있느냐는 현실적 문제, 교사의 자긍심 상실과 동료 교사끼리의 어색한 반목 등 그 이유는 많고도 확연하다.

실제의 학교 현장에서 볼 때 성과급이라는 개념 자체가 부적절하다. 상식적으로 성과급이라고 하면 지난 일 년의 업무에 대한 성과를 평가해서 지급하는 상여금이라고 할 수 있다. 따라서 열심히 일하고 좋은 성과를 내면 그에 비례해서 성과급을 받는 것이 정상적이다. 당연히 좋은 성과급을 받기 위한 경쟁이 존재한다. 2001년 교원 성과급을 처음 도입할 때 내세운 "교직 사회의 경쟁을 유도하여 교육의 질을 높인다"라는 명분은 일반 기업에서 말하는 성과급의 의미를 그대로 적용할 때 논리상으로는 맞는 말이었다.

그러나 지금 학교 현장에서 적용되는 성과급은 지난 일 년간 교사가 열심히 일했느냐, 성과가 어떠한가로 정해지지 않는다. 학교별 심사위원회(다면평가관리위원회)에서 정해진 다면평가 기준에 따라 개별 교사의 평가점수를 자동으로 산출한다. 이 기준에 따라 개별 교사의 성과급은 일 년간의 업무 충실이나 성과와 관계없이 학년 초에 이미 정해진 것이나 다름없다. 그렇기 때문에 종종 학교 현장에서는 평가 기준으로 들어가는 학습지도, 생활지도, 담당업무 등의 배점을 어떻게 할 것인지 소수점까지 계산해야 하는 난상토론을 벌이기도 한다.

그래서일까, 언제부터인가 교육부(청)의 「교육공무원 성과

상여금 지급 계획」에는 그 추진 목적을 "교원 본연의 직무에 충실하면서도, 힘들고 기피하는 업무를 담당하는 교원을 성과급에서 우대하여 교직 사회의 사기진작 도모"라고 표현하고 있다. 이게 성과급의 성격인가? 문구를 그대로 적용하면 이것은 성과급이 아니라 수당으로 지급해야 한다. 그래야 마지막 부분의 '교직 사회의 사기 진작 도모'와 자연스럽게 연결될 수 있다. 현실과 동떨어진 차등 성과급 시스템으로 교직 사회의 사기 진작을 도모한다? 난센스다.

더 근원적인 문제는 차등 성과급으로 인한 교사의 자기 정체성 혼란이다. '나는 B급 교사다'라는 선언처럼, 교사 중에는 S·A·B를 단순한 차등 성과급 지급 단위로 생각하지 않고 학교 현장에서 자기가 어떻게 인정받고 있는가 하는 존재의 등급으로 여기기도 한다. 성과급 B는 S나 A보다 돈을 적게 받는 금전적 문제를 넘어 자기의 존재 자체를 B급으로 여기는 정체성의 위기를 가져오는 것이다. 학교 안에서 자신이 B급 교사, B급 인간으로 대우받고 있다는 생각에 괴로워한다.

사람은 누구나 다른 사람으로부터 인정받고 싶어 한다. 인정 이론을 주창한 독일의 철학자 호네트Axel Honneth는 『인정투쟁』에서 개인의 자아실현을 가능케 하는 조건으로 '인정'과 '무시'를 들었다. 여기서 인정이란 '개인의 정체성과 관련하여 상대방을 긍정하는 행동'을 말한다. 인정과 반대되는 개념은 무시다. 무시란 '인정받고 싶어 하는 기대가 타인에 의해 무산되는 체험'이다. 사람은 타인과의 관계에서 인정 또는 무시의 체험을 통해 자신의 정체성을 확인하게 된다.

호네트는 모든 사회적 갈등 뒤에는 인정 욕구가 있다고 본다. 그는 인간을 인정 없이 살아갈 수 없는 존재로 규정했다. 인간은 서로 인정받고 인정하는 과정에서 긍정적 자아를 만든다. 반대로 무시당할 때는 분노한다. 성과급 B를 받은 교사가 단순한 아쉬움을 넘어 분노했다면 그건 인정이 아니라 무시당한 것이다. 그러한 무시당함의 느낌은 S·A등급을 받은 교사에게도 나타날 수 있다. 같은 학교에 있는 동료 교사끼리 등급으로 구분되어 차등적인 금전 보상을 받아야 하는 시스템 앞에서 모두가 무기력하다. 한마디로 지금의 교육공무원 성과상여금 제도는 교사를 인정하는 것이 아니라 교사를 무시하는 것이다.

이렇게 교원 성과급으로 교사의 존재 의미를 인정받을 수 없다면, 교사는 무엇으로 인정받아야 하는가? 교사 성과급 폐지 주장에 그치지 말고 4차 산업혁명과 포스트 코로나 시대에 인정받을 수 있는 교사의 존재 의미가 무엇인지를 탐색해야 한다.

교사의 존재 의미로 먼저 떠오르는 것이 스승이다. 스승은 '스스로의 힘으로 일어나는 것을 가르쳐서 인도하는 사람'이라는 뜻이다. 스승은 단순히 가르치는 사람이 아니라 가르쳐 올바르게 이끌어주는 사람이다. 스승은 학생이 따라야 할 완벽한 휴먼 모델링이었고 늘 학생의 전면에 있었다. 그렇기에 군사부일체, 스승의 노래, '스승의 그림자도 밟지 않는다' 등에서 보듯이 스승으로서의 교사는 사회로부터 절대적 권위를 인정받았다. 교사는 '이런 교사가 되게 하옵소서'라는 기도문 형식의 글을 마음에 품고 교직을 천직 또는 소명으로 받아들였다.

우리나라가 본격적인 산업화와 고도성장에 진입하면서 교사의 존재 의미는 스승보다는 전문직으로서 강조되었다. 대한민국 발전의 원동력은 교육에 있다고 했을 때 학생을 산업 시대의 역군으로 키워내기 위한 교사의 전문적인 가르침과 역할이 필요했다. 일반적으로 전문직이란 특정 분야에 대한 전문적 지식과 능력을 갖추고 있는 사람으로, 이를 위해 전문적인 교육(훈련)을 받고 공적인 자격증을 갖추어야 한다. 그리고 전문직으로서의 사회적 책무성도 함께 지니고 있어야 한다. 이런 의미에서 교사는 전문직으로서의 위상을 인정받을 수 있었다. 스승이 '가르쳐서 인도'하는 것을 강조한다면, 전문직으로서의 교사는 '일정한 자격을 가지고 학생을 가르친다'는 의미가 강하다고 할 수 있다.

신자유주의의 광풍이 불면서 교사는 일반적인 직장인으로서의 모습을 띠게 되었다. 교직의 특수성보다는 다른 직업과 마찬가지로 학교라는 직장에서 학생에 대한 수업과 생활지도,

그리고 일부 행정 업무도 하는 평범한 직장인일 뿐이었다. '스승의 날'을 폐지하고 '교육의 날'로 해달라는 청와대 국민청원이 있었듯이, 학생에게 '나를 따르라'는 스승의 모습은 거의 사라지고 급여와 복지에 신경 쓰는 이해집단으로 사회에 비치기도 한다. 직업 안정성 덕분으로 교직에 대한 직업 선호도는 높지만, 정작 자기 자녀를 담당하는 교사에 대한 학부모의 교사 만족도는 높지 않은 모순이 나타나기도 한다. 교직을 전문직으로 인정하지 않거나 교직 사회의 일부 일탈 행위에 대해 가차 없이 지적하고 비난하는 사회적 분위기가 커지고 있다.

이렇게 교사의 존재 의미는 스승과 전문직을 거쳐 평범한 직장인의 모습으로 자리매김하고 있다. 아쉽게도 교직만의 특별한 위상과 권위가 상실되고 있는 흐름이다. 스승이나 전문직으로서의 교사는 학생을 앞에서 이끄는 특별한 존재였다. 일반인이 할 수 없는 교육에 대한 권위나 전문성을 갖추고 있었다. 하지만 근래에 교권 침해, 교원의 전문성 신장이라는 말이 유행어가 된 것은 교사로서의 권위와 전문성이 사회로부터 그만큼 인정받지 못하고 있다는 반증이기도 하다.

일반 직장인과 마찬가지로 성과급이라는 경제적 보상으로 교사들을 취급하려는 것도 교사의 존재 의미 약화라는 맥락에서 등장한 것으로 볼 수 있다. 더구나 2021년 성과급은 전혀 교육적이지 않은 목적으로 A등급 교사 비율을 40퍼센트에서

50퍼센트로 높였고, 모든 교사에게 B등급 기준으로 먼저 일괄 지급하고 나머지 차액분을 차후에 지급하는 성과급 쪼개기도 선보였다. 천박한 자본주의적 방식으로 교사를 우롱하는 것이라고 볼 수밖에 없다. 교사에 대한 사회적 인정이 그만큼 땅에 떨어진 것이라고 할 수 있다.

교사들은 더 이상 성과급으로 인정받기를 원치 않는다. 다시 말하지만, 교원 성과급은 인정이 아니라 무시의 기제다. 당연히 폐지되어야 한다. 교원 성과급이 폐지된 그 자리를 교사로서의 새로운 존재 의미로 채워야 한다. 사회적으로 인정받을 수 있는 새로운 교사상을 탐색해야 한다. 5월 달력의 15일 아래에 '스승의 날'이라고 처연하게 박힌 글자를 보면서 묻는다. 교사는 어떤 모습으로 인정받아야 하는가?

7

'전면 등교', 정작 학생은 어디에 있나요?

(2021년 9월)

2021년 9월의 가을, 학교 현장의 화두는 등교 확대였다. 전면 등교에 대한 협의를 위해 부장 회의를 했다. 그런데 회의를 앞두고 한 부장 선생님이 던진 말에, 나는 선방에서 졸다가 죽비로 어깨를 강타당한 것처럼 정신이 번쩍 들었다.

"온갖 매체에서는 '코로나'와 관련한 학생들의 학력, 관계 등 성장에 관련된 요소를 소재로 온갖 콘텐츠를 쏟아내고 있습니다. 세상을 등지는 학생이 많아졌다는 식의 기사도 마음을 때리고요. 한 명의 교사로서 아이들의 이런 모습과 현실이 너무 무거워서 어찌해야 할지 무기력한 마음이 듭니다. 그런데 이 아이들이 '우리 학교'의 아이들이고, 그 아이들을 만나는 '우리'의 상황이라면 좀 다른 힘을 낼 수 있을 듯하여 이야기를 꺼냅니다.
이 험한 시기에 '전면 등교'의 압박을 받고 있고, 그 준비를 해야 할 것 같습니다. 1년 반을 '블렌딩 수업'을 하다가 전면 등교를 하는 아이들의 모습 하나하나를 찬찬히 관찰하며 일상을 살지 못하던 아이들이 '잃었던 것'은 무엇일지, 그걸 위해 '우리가 무얼 시도해야 하는지'를 상상해봐야 하지 않을까 합니다. 수업에서 학급에서, 혹시 있을지 모르는 또 다른 원격 수업에서, '코로나 세대'인 아이들과 어떻게 배움과 성장의 근육을 키워갈지 생각 나누는 시간을 가졌으면 합니다."

지금 우리가 처한 현실을 생생하게 보여주는 뼈아픈 일침에 머리끝이 얼얼했다. 준엄한 죽비 내림에 신음소리 내기도 조심스러웠다.

되돌아보니 지난 1년 반 동안 우리 교육에서 가장 흥행한 단어는 코로나 방역, 원격 수업, 학습 격차 해소, 그리고 각종 이름으로 포장된 대책이었다. 현실적으로 모두 필요한 일이었고 시급한 과제들이었기에 이것을 준비하는 교육 당국이나 실제로 적용해야만 하는 학교 현장의 어려움은 그 어느 때보다도 클 수밖에 없었다. 이런 상황 속에서 우리 교육이 보여준 모습은 다음과 같이 세 가지로 그려볼 수 있다.

첫째, 절박함이다. 시시각각으로 표정을 바꾸는 코로나19의 변덕 속에서 우리의 대응은 차분한 검토나 장기적인 정책보다는 '2주간 시행'이라는 단기 대책이었다. 현실적으로 여유가 없었고, 긴 호흡의 플랜이 형성될 수 없었다. 얼마 전 등교 확대를 앞두고 학교를 방문한 국무총리의 "아이들이 학교에서 배울 수 있는 사회적 지혜를 어른들이 빼앗아선 안 된다는 절박감이 있다"는 표현에서도 이런 흐름을 읽을 수 있다.

둘째, 갈라짐이다. 코로나19 이전의 평상시와 마찬가지로 위험한 코로나 상황에서도 우리 교육은 갈라졌다. 코로나19 상황에 적절한 대응을 요구하는 목소리는 하나였지만, 구체적인 교육과 방역 방안은 갈라지기 시작했다. 2020년 4월 사상 최초의 '온라인 개학'이 등장했을 때 그것에 대한 찬반의 갈라짐, 그리고 지금 전면 등교의 상황에서 나타나는 찬반의 목소리가 이러한 사례 중 하나다.

셋째, 쏟아짐이다. 코로나19의 어려움 속에서도 많은 교육 정책들이 수없이 쏟아지고 있다. 어김없이 4차 산업혁명의 깃발을 들고 다양한 미래 교육정책이 쏟아지고 있고, 고교학점제, 그린스마트 미래 학교, 생태 전환 교육 등이 정책의 목록 대열에 합류하고 있다. 그리고 당연히 원격 학습으로 인한 학습 부진 학생 및 학습 격차 해소를 위한 대책들도 부지런하게 뒤를 따르고 있다.

어찌 보면 이런 세 가지 모습은 당연히 나타나는 것일 수도 있다. 코로나19라는 전대미문의 사태가 엄습했기에 우리는 생존을 위해 절박하게 또는 시급하게 대책을 마련할 수밖에 없었다. 상황이 이러하니 충분한 검토의 시간이 부족했고 대책의 방향과 효율성에 대한 찬반 논쟁이 있을 수밖에 없었다. 그리고 코로나19의 구덩이에서 당장 빠져나오는 대책도 필요하지만, 우리 교육이 지향해야 할 미래의 교육정책을 제시하는 것도 충분히 인정할 만하다.

그런데 이러한 몸부림과 노력은 누구를 위한 것일까? 당연히 학생이라고 대답할 것이다. 하지만 지난 1년 반을 돌아보니, 학생의 모습은 보이지 않는다. 학생을 위한다고 하면서도 학생이 실제로 원하는 것을 알기 위해 땀을 흘린 흔적이 거의 보이지 않는다. 앞에서 언급한 부장 선생님의 메시지처럼 일상을 살지 못하던 아이들이 '잃었던 것'은 무엇인지, 그걸 위해 '우리가 무얼 시도해야 하는지' 등을 학생의 입장에서 깊이 생각하지 않았다. 그래서 정신이 번쩍 든 것이다.

물론 코로나19의 어려움 속에서 제시된 많은 대책과 정책을 보면, 사업의 추진 배경으로 학생들의 어려운 상황에 대한 분석이 현란한 숫자와 그래프로 표시되어 있다. 문건을 액면 그대로 보면 학생을 위한 대책이요, 정책이다. 그러나 심혈을 기울인 상황 분석에도 불구하고 다음과 같이 물을 수밖에 없다. 그 상황은 누구의 입장에서 바라본 것인가? 과연 개별적이고 구체적인 삶의 현장에 있는 학생의 입장에서 바라본 것인가? 아니면 교육 정상화라는 교육적 당위와 관찰자적 입장에서 바라본 학생의 상황인가? 정말 우리가 위하고 보살펴야 하는 학생은 존재하는가?

예를 들어보자. 어느 때보다도 학습 부진 학생 및 학습 격차 해소를 위한 대책들이 요구되고 있고, 교육 당국도 지속적인 대책을 내놓고 있다. 하지만 근본적인 질문을 던져본다. 그 대책들이 정말로 개별자로서의 ○○○ 학생이 원하는 대책인가? 숫자로 나타난 학습 부진 학생 비율, 학습 격차 현황 등을 보면서 그 숫자를 바람직한 방향으로 이끌기 위한 대책이 아닌가? 숫자와 개념으로 분류화된 집단으로서의 학생만이 보일 뿐, 어두운 골방 구석에서 맞춤형 도움을 기다리는 개별 호소자로서의 학생은 보이지 않는다. 2021년 7월 교육부가 발표한 「교육 회복 종합방안 기본계획」의 추진 배경으로 "학교가 일상을 되찾기 위한 종합적인 교육 회복 대책이 긴요"하다는 표현에서도 학교는 보여도 학생은 보이지 않는다.

따라서 통계화된 수치로서의 학생이 아니라 각기 다른 어려움을 겪고 있는 개인으로서의 학생을 보아야 한다. 학생 개개인의 입장에서 출발한 교육 대책이 필요하다. 그렇다면 학생 개개인의 입장을 고려한 교육을 위해 어떤 접근법이 필요할까? 하버드 대학의 로즈L. Todd Rose 교수가 『평균의 종말』에서 제시한 개개인학science of the individual이 하나의 참고가 될 수 있을 것이다.

오늘날 학교교육과 관련해서 중요한 화두 중 하나는 '개인 맞춤형 교육'이다. 이것을 로즈는 개개인학의 수준까지 끌어올린다. 개개인학은 개개인의 이해를 위한 주요 도구로 평균을 사용하는 것을 거부하면서 개개인을 이해하려면 개개인성 자체에 초점을 맞춰야만 한다고 주장한다. 지금 우리에게 필요한 것은 각각의 사람을 종형 그래프상의 한 점수로서가 아닌 개개인으로서 이해할 도구라는 것이다.

여기서 로즈가 문제 삼는 것이 평균주의다. 평균주의란 모든 것을 평균의 입장에서 판단하려는 것을 말한다. 평균주의의 주된 연구 방법은 '종합 후 분석aggregate, then analyze'이다. 먼저 여러 사람을 종합적으로 조사한 뒤 그 그룹의 패턴을 살펴보고, 그다음에 이 그룹 패턴(평균이나 통계치)을 활용해 개개인을 분석하고 모형화한다. 반면 개개인학은 '분석 후 종합analyze, then aggregate'을 주장한다. 먼저 각 개인의 패턴을 살펴본 다음 이런 개개인별 패턴을 취합해 종합적 통찰을 얻어내는 방법이다.

지금 우리가 실행하고 있는 수많은 교육 대책과 정책은 평균주의가 애용하고 있는 종합 후 분석의 방법으로 접근하고 있다. 학생은 종합으로 포장된 수혜자의 숫자를 구성하는 1/n일 뿐, 그의 이름이 무엇인지, 그가 처한 구체적인 삶의 모습은 어떤 것인지 등에는 관심을 두지 않는다. 학습 부진 학생 비율 속에 포함되는 한 명일 뿐, 학생 개인이 실질적으로 어떤 학습 환경에 처해 있으며 어떤 학습 지원을 필요로 하는지 알 수 없다. 개개인의 교육 환경과 패턴을 먼저 읽어내고 그로부터 종합적 통찰을 통해 개별적이고 실질적인 지원을 제공하는 분석 후 종합의 접근 대책이 필요하다.

평균이 지배하고 숫자가 난무하는 사회다. 세계적인 석학 누스바움Martha C. Nussbaum은 『시적 정의』에서 차가운 정의justice의 세계에도 시적Poetic(또는 문학적) 감성이 필요함을 역설한다. 그녀가 말하는 문학은 나와 동떨어진 삶을 살아가는 인간 존재를 내 눈앞에 데려다놓는다. 문학은 한 개인의 상황과 내면세계를 생생하고 구체적인 언어로 묘사한다. 과연 우리는 나와 동떨어진 삶을 살아가는 학생이라는 존재를 우리 앞에 데려와서 그의 상황과 내면세계를 세심하게 살펴보고 있는가?

누스바움은 이성이 지배하는 법정의 재판관에게도 시적 감성을 요구했다. 그렇다면 교육을 담당하는 우리에게는 더 풍부한 시적 감성이 필요하지 않을까? 지금 우리 교육은 시詩를 잃어버리고 차갑게 파편화된 정의만이 가을 하늘을 뒤덮고 있다. 교육정책과 칼럼의 제목에서는 학생을 말하지만, 정작 내용으로 들어가면 학생을 찾아보기 어렵다. 이 가을에 시인詩人이 되어보자. 그리고 학생을 소재로 시를 써보자. 그 시를 통해 학생들의 잃어버린 실존을 찾아보자.

8

각자도생의 시대,
관계의 교육학

(2022년 3월)

3월이 되면 습관적으로 던졌던 소생蘇生이
라는 단어가 오늘따라 절실하게 다가온다. 3년째 방역防疫이라
는 단어에 우선권을 빼앗긴 소생은 지금 어느 골목에서 처량
하게 서성거리고 있을까? 나도 소생과 같은 처지로 교정을 서
성거리다, 지난해 졸업한 두 명의 학생이 생각났다.

한 학생은 극단적 선택을 시도한 학생이다. 빠른 대응으로
학생의 시도를 막을 수 있었는데, 그 학생이 미리 써놓은 글에
서 다음과 같은 두 문장이 잊히지 않는다.

"어차피 학교에서 다른 학생과의 관계는 비즈니스 관계가 아닌
가!"

"나는 스쳐 지나가는 사람일 뿐이니 죄책감 갖지 말라. 당신들 때
문이 아니니까."

다른 학생은 무던히도 속을 썩이던 학생이었다. 어느 날 대화를 나눌 기회가 있어 상담하다가 "너희 부모님은 얼마나 안타까우시겠니"라고 했더니, 학생의 대답이 나의 다음 말을 막아버렸다.

"부모님요? 관계없어요. 저한테 아무런 신경도 안 써요. 이건 나의 문제이지 부모님과는 아무런 관계도 없잖아요."

두 학생의 반응에서 공통으로 읽을 수 있는 것이 관계라는 단어다. 하지만 두 학생이 사용하는 관계라는 단어는 성격상 그 의미가 다르다.

첫 번째 학생에게는 관계의 내용을 읽을 수 있다. 그 학생은 다른 학생들과의 관계를 비즈니스로 표현하고 있다. 우리가 일반적으로 생각하는 친구 간의 우정이 아니라 비즈니스로 여긴다는 것이다. 이것은 다른 사람과 어떤 모습으로 관계를 설정할 것인가 하는 관계의 내용이다.

두 번째 학생에게는 관계의 대상을 읽을 수 있다. 우리는 살아가면서 수많은 사람과 여러 가지 관계를 맺는다. 다양한 관계의 대상이 있는 것이다. 그런데 그 학생은 부모를 관계의 대상으로 여기지 않는다. 부모는 자신과는 관계없는 이방인일 뿐이며, 관계 맺음 자체를 거부한다.

두 학생의 관계 설정은 모두 바람직하지 못하다. 우정과 신뢰의 관계가 아니라 비즈니스 관계로 다른 학생을 설정하는 것은 우리가 바라는 방향이 아니다. 그런데 더욱 심각한 것은 부모와의 관계 자체를 거부하는 두 번째 학생이다. 관계 자체 또는 관계의 필요성을 거부하는 사람에게는 어떠한 종류의 관계 설정도 요구할 수 없기 때문이다. 안타깝다. 부모를 자신과 아무런 관계없는 타인으로 여길 뿐이라니!

바람직한 관계 설정의 요구는 감지덕지하고, 타인과의 관계 자체 또는 필요성을 거부하는 현상은 참으로 심각한 일이다. 그런데 이런 일들이 작금의 코로나19 상황에서 증가하고 있다. 학교 현장에서도 마찬가지다. 함께 있는 사람들과의 관계가 틀어지고, 심해지면 관계 단절까지 이어지기도 한다. 그리고 이러한 관계의 단절 또는 거부는 각자도생의 생활로 이어진다. 타인과의 경쟁에서 이기기 위한 각자도생을 넘어, 이제는 코로나19라는 괴물 앞에서 생물학적 생존마저도 각자도생에 맡겨지고 있는 형국이다.

관계를 회복해야 한다. 관계를 살려야 한다. 지금은 콘텐츠가 중요한 것이 아니라 관계가 중요하다. 아무리 많은 콘텐츠를 제공한다고 할지라도 그것을 함께 나눌 관계가 없으면 무용지물이다. 아무리 많은 방역 인력과 물품이 지원되어도 학교의 무너진 관계망으로는 온전한 방역을 감당하기 힘들다.

『관계의 물리학』에서 작가(림태주)는 사람 사이의 관계를 다음과 같이 말한다.

오늘 지구와 달 사이에 일어난 인력과 공전, 지난 월요일과 일요일 사이에 태어난 강아지와 고양이들, 당신과 나 사이에 생겨난 수많은 사건과 감정들. 우리 모두는 무언가의 틈새에, 누군가와의 사이에 존재한다. 신비롭게도 그 사이는 너무도 적당해서 우리가 축복받은 생명임을 금방 느낄 수 있게 한다. 해와 지상의 거리가 적당해서 감나무에 감꽃이 피고 토마토가 붉어지고 빨래가 햇볕 냄새를 빨아들이며 눈부시게 마른다.

작가가 말하는 '신비롭게도 그 사이는 너무도 적당해서'의 거리가 절묘하다. 그 적당함으로 꽃이 피고 열매가 맺고 빨래가 마르는 것이 부러울 뿐이다. 그런데 많은 학교 현장에서는 이와는 다른 모습이 연출되고 있다. '불편스럽게도 그 사이는 너무도 막막해서'의 모습이다. '관계의 물리학'에 대한 부러움을 넘어 이제 우리에게 필요한 '관계의 교육학'을 써야 한다.

'관계의 교육학' 하면 떠오르게 되는 비고츠키Lev Vygotsky는 "우리가 우리 자신이 되는 것은 다른 사람을 통해서다"라고 말한다. 인간 정신의 본질과 관련하여 무의식을 강조한 프로이트Sigmund Freud가 '내 안에 나도 모르는 내가 있다'라고 했다면, 비고츠키는 '내 밖에 나를 만든 수많은 내가 있다'라고 표현했다고 할 수 있다(진보교육연구소 비고츠키교육학실천연구모임, 『관계의 교육학, 비고츠키』). 내 안의 나를 넘어 '나를 만든 내 밖의 무수한 나'의 존재를 인정해야 한다. 지금 우리에게는 교육 콘텐츠나 인적·물적 지원의 처방적 대응을 넘어서는, 다른 사람을 통해서 우리의 교육적 위치를 되찾을 수 있는 관계의 교육학이 필요하다. 다른 사람, 그중에서도 교육 동료들과의 관계에서 나오는 힘이 절실하다.

코로나19 확진자 수가 급증하고 정부에서는 정점기라고 한다. 오늘 아침도 코로나19 확진으로 인해 결근한 선생님의 보강 처리를 하느라고 정신없었다. 이전 같으면 별말 없이 보강에 임해주던 선생님들도 이제 횟수가 많아지니 짜증을 낸다. 다음 주 학사 일정 조정을 위한 긴급회의도 열었다. 하루하루가 전쟁이다. 이 전쟁은 보급품만으로는 이길 수 없다. 관계의 힘을 회복해야만 이길 수 있다.

베스트셀러 『관계의 교육학』이 나오길 기대해본다. 그리고 교육 당국의 정책도 단순 지원에서 관계의 힘을 키워주는 방향으로 이루어지길.

9

시간을 파는 교장
(2022년 4월)

2022년 봄날의 ○○고등학교

1학년 코로나19 현황 ○/○일

1. 본인 확진 ○명 ······

2. 키트 양성으로 PCR 결과 대기 ○명 ······

3. 동거인 확진으로 PCR 결과 대기 ○명 ······

2학년 코로나19 현황 ○/○일

······

3학년 코로나19 현황 ○/○일

······

교장(감), 행정실장, 학년부장, 보건교사가 함께하는 단톡방에 오늘 아침 각 학년부장이 파악하여 올린 학생들의 코로나19

확진자 및 PCR 결과 대기자 현황이다. 오늘도 전 학년 합하여 20명이 넘는다.

"선생님, 내가 왜 또 보강을 들어가야 하나요?"

"엊그제도 들어갔는데 벌써 내 차례가 되었나요?"

"보강 넣는 원칙이 뭔가요?"

코로나19 확진 및 PCR 대기로 출근하지 못한 교사의 결강이 많아지자 보강을 요청받은 교사의 불만이다. 물론 교사의 결강 시 보강을 넣는 내부 기준이 학교마다 있다. 하지만 그 기준은 무너졌다. 결강 시간이 너무 많다 보니 현실적으로 하루하루의 사정에 따라 보강을 넣을 수밖에 없는 실정이다.

"1학년 전체가 3일간 원격 수업이라고요? 꼭 그래야 하나요?"

"확진자가 많이 발생한 ○반만 원격하면 되지 왜 1학년 전체가 원격을 하나요?"

"2·3학년은 왜 원격 수업 안 하나요? 애들은 코로나19 걸려도 괜찮다는 건가요?"

1학년 특정 학급에서 코로나19 확진자 및 대기자가 많이 나와 같은 층을 쓰는 1학년 전체를 원격 수업으로 하기로 안내하자, 학부모들이 보내온 불만의 민원이다. 원격 수업 확대에 불만인 학부모, 반대로 전체 학년으로의 원격 수업 확대를 요구하는 학부모……

지금 학교는 전쟁이다. 봄날의 따뜻함을 누릴 수 없다. 그것은 호사다. 학교 구성원 모두가 큰 상처를 입고 있다. 코로나19 확진이라는 몸의 상처와 함께 여유와 배려를 잃어버린 마음의 상처를. 교내의 전장戰場을 둘러보고 교장실로 돌아온 교장은 긴 한숨을 내쉬며 습관적인 고통을 내뱉는다. '어떻게 해야 하지? 정부에서는 코로나19가 정점기를 지나 감소세로 접어들었다고 하는데……. 코로나19가 잠잠해진다고 해서 사람들의 상처가 자동으로 아물 수 있을까? 새살이 돋아날 시간이 필요하지 않을까?'

이때 스쳐 지나가듯 몇 년 전에 읽은 소설이 떠올랐다. 스페인 작가 트리아스 데 베스Fernando Trías de Bes가 쓴 『시간을 파는 남자』의 주인공은 평생 갚아야 할 주택 융자금과 아파트밖에 가진 것이 없는 '어떤 나라'의 '보통 남자'다. 늘어만 가는 대출금과 생계가 빠듯한 현실에 힘들어하던 주인공은 자기 인생의 대차대조표를 계산해본 결과 35년의 시간을 빚지고 있다는 사실을 깨닫는다. 여기저기에서 빌린 돈과 지출 등을 계산해보니 빚을 모두 갚으려면 35년이 걸린다는 것이다. 그가 진 빚은 돈이 아니라 35년간의 인생을 저당 잡힌 시간의 빚이었다. 35년이라는 자신의 시간을 이미 모두 팔아버린 것이다.

이 사실을 깨달은 주인공은 절망과 함께 직장을 그만두고 기발한 사업을 구상한다. 사람들에게 시간을 파는 장사였다. 자신처럼 많은 사람이 인생의 대부분을 이미 팔아버려서 각자가 활용할 수 있는 시간이 없다. 그들에게 5분이 든 통을 팔아서 5분씩의 자유로운 시간을 갖게 하자는 것이다.

그는 5분을 담은 상품을 특허받고 사람들에게 5분씩이 담긴 플라스크 병을 판매한다. 상품명은 '5분의 자유'로 지었다. 이 5분을 산 사람들은 아무 때나 플라스크를 열기만 하면 5분을 자유롭게 사용할 수 있었다. 5분의 시간을 활용하면서 사람들은 행복해졌다. 예상했던 대로 5분의 소비는 주로 근무 시간에 이루어졌다. 어떤 사람은 책상 앞에 앉아 잠시 조는 데 5분을 썼고, 가까운 곳에서 일하는 연인은 서로의 시간을 맞추고 같은 시간에 5분을 썼다.

예상과 달리 기업들은 큰 문제를 제기하지 않았다. 직원들이 5분을 구매·사용하면서 오히려 효율성이 높아졌다. 이직률도 낮아졌고 독감 등으로 인한 결근도 줄어들었다. 사람들은 이제 쉬거나 일상 업무에서 잠시 벗어나기 위해 아픈 척하지 않았다. 매일 언제라도 5분짜리 플라스크 한두 개를 여는 것으로 충분했다.

사업은 크게 번창했다. 하지만 그 이후부터가 문제였다. '어떤 나라'의 국민은 하루 몇 분의 시간으로 만족하지 않았다. 이에 호응하여 주인공은 5분짜리 플라스크를 넘어 2시간짜리, 일주일짜리 용기를 만들어 판매했다. 이에 멈추지 않고 결국에는 35년짜리 컨테이너 상품까지 내놓았다. 당연히 예상되는 일이지만, 이렇게 긴 시간을 사람들이 제 마음대로 사용하면서 사회는 혼란에 빠지고, '어떤 나라'는 국가적 위기에 처하게 되는데…….

소설의 줄거리를 떠올리던 교장은 '그러길래 5분짜리 시간에서 그쳤으면 얼마나 좋았을까. 그놈의 욕심이 문제야'라고 하면서 혀를 끌끌 찼다. 그러다가 갑자기 죽비가 내려치듯 아이디어가 떠올랐다.

'맞다. 코로나에 지친 교직원과 학생에게 5분의 시간 활용권을 팔면 어떨까? 요즘 시대에 알맞게 병이 아닌 모바일 쿠폰으로 말이야. 교육 당국이 교장들에게 5분의 자유를 판매할 수 있는 권한을 주고, 교장들은 하루에 한 개만 사용할 수 있다는 조건으로 원하는 교직원과 학생들에게 파는 거야. 코로나19에 3년을 저당 잡힌 교직원과 학생에게 무엇보다도 필요한 것은 자유와 휴식이니까.'

그러나 고개를 흔들며 스스로 질문을 던져본다. '학교는 난장판이 되지 않을까? 수업 중 갑자기 선생님이 5분 동안 사라진다면……. 학생들이 서로 짜고 한꺼번에 5분간 수업에 들어오지 않는다면……. 급식실 직원이 5분 동안 갑자기 배식을 중단한다면…….'

하지만 또다시 고개를 흔든다. '아니야! 5분의 자유를 팔더라도 학교는 정상적으로 돌아갈 거야. 교직원과 학생들이 그렇게 막무가내로 행동하지는 않을 거야. 그들이 원하는 것은 무모한 일탈이 아니라 코로나19의 질곡 속에서 숨 쉴 수 있는 한 조각의 자유 시간일 뿐이야. 그들은 그 한 조각의 시간을 슬기롭게 사용할 거야.'

이런 자신감이 들자 ○○고등학교 교장은 전화기를 들었다. 교장에게 그런 권한을 줄 수 있는지 교육 당국에 문의하려고.

10

교육을 설명하는 자,
사랑하는 자
(2022년 8월)

2022년 8월의 시작은 뜨거웠다. 날도 뜨겁고 '초등학교 만 5세 취학연령 하향' 이슈는 사람들을 뜨겁게 만들었다. 교육부 장관의 사퇴로 일단 열기가 식은 듯하지만, 언제라도 분출될 수 있는 마그마처럼 뜨거움의 씨앗은 심연에서 꿈틀거리고 있다.

이 심연의 뜨거움을 어떻게 관리하느냐에 따라서 재난이 될 수도 있고 유익한 에너지가 될 수도 있다. 따라서 '초등학교 만 5세 취학연령 하향' 이슈를 분열의 불씨가 아닌 우리 교육 발전의 에너지로 만들기 위해서는 그 뜨거웠던 모습에 대한 차분한 독해讀解가 필요하다. 나는 그 뜨거움의 모습을 다음과 같은 세 가지로 읽었다.

첫 번째는 초등학교 취학연령을 만 6세에서 만 5세로 낮추는 것이 적절한가에 대한 뜨거움이었다. 압도적인 반대의 분위기 속에서 찬성의 목소리가 힘을 내지는 못했지만, 찬반의 입장에서 다양한 이유가 제시되었다. 여기서 그것들을 다시 정리하지는 않겠다. 교육정책이나 현안에 대해서 다양한 입장 차이가 존재하는 것은 당연하고 때로는 발전을 위해 논쟁이 필요하기도 하다. 그런데 이번 사태는 팽팽하고 치열한 논쟁이라기보다는 일방적인 승부로 끝났다. 좀처럼 보기 드문 사례다. 왜 이렇게 한쪽의 일방적인 항복으로 끝났을까?

두 번째는 '초등학교 만 5세 취학연령 하향'이라는 정책을 제시한 방식에 대한 뜨거움이었다. 이러한 정책이 발표되자 많은 학부모와 시민 단체, 교직 단체, 교육 전문가 등의 반응은 '갑툭튀(갑자기 툭 튀어나온) 정책으로 당혹스럽다'였다. 대선 공약이나 인수위에서도 찾아볼 수 없었던 내용이 어느 날 갑자기 업무보고 형태로 나타났다는 것이다. 하지만 만 5세 초등학교 입학 학제 개편안은 결코 새로운 것이 아니다. 김영삼 정부 이후 역대 정부에서 검토되었지만 여러 가지 현실적 여건으로 실행되지 못했을 뿐이다. 그런데 왜 '갑툭튀' 또는 '뜬금포'로 보였을까?

첫 번째의 뜨거움이 제안한 교육정책의 적절성에 대한 문제라면, 두 번째는 세안 방식에 대한 문제 제기다. 이번 사태를 바라보는 언론의 보도 내용도 이러한 두 가지 차원에서 분석하고 있다. 나는 여기에다 이번 사태의 뜨거움을 읽어내는 세 번째 독법讀法을 추가하고 싶다. 바로 교육을 설명하는 자와 사랑하는 자의 대비다.

이 세 번째 독법은 교육에 대한 태도를 말한다. 이번 사태에 대해, 그리고 다양한 교육 현안이 등장할 때마다 교육에 관심 있는 사람들은 한마디씩 한다. 그때마다 그들은 교육 또는 학교에 대해 어떤 기본적인 태도 또는 정서를 갖고 있다. 나는 일반화의 오류를 무릅쓰고 그들을 '교육을 설명하는 자'와 '교육을 사랑하는 자'로 구분하고자 한다. 지금 우리 교육에 대해 한마디 던지는 당신은 교육을 분석의 대상으로 삼아 교육에 대한 설명이나 평가만 하는 사람인가, 아니면 진정으로 교육을 사랑하고 걱정하는 사람인가?

그런데 설명하는 자와 사랑하는 자는 어떻게 구분되는가? 세계적인 생태학자 최재천 교수의 글에서 그 구분의 단초를 빌려왔다. 우리에게 『통섭』이라는 멋진 번역본을 선물한 최재천 교수는 그 책의 서문에서 설명하는 존재로서의 인간을 다음과 제시한다.

뇌의 진화는 대개 '생존의 뇌survival brain', '감정의 뇌feeling brain', '사고의 뇌thinking brain'의 세 단계로 나뉜다. 하지만 정도와 방법의 차이가 있을지 모르지만 뇌를 가진 동물이라면 누구나 나름대로 사고할 줄 아는 능력을 갖췄다. 특히 영장류, 그중에서도 침팬지나 보노보에 이르면 그들의 뇌는 우리 인간의 뇌와 구조적으로 거의 구별이 되지 않는다. 그래서 나는 여기에 네 번째 단계로 '설명의 뇌 explaining brain'를 제안하려고 한다. 다른 많은 동물도 생각하는 뇌는 갖고 있다. 하지만 그들은 그들의 생각을 설명하고 구연할 줄 모를 뿐이다. ······

그래서 나는 데카르트의 언명 "생각한다. 그러므로 나는 존재한다 Cogito, Ergo Sum"의 대안으로 "설명한다. 그러므로 나는 존재한다 Enarro, Ergo Sum"를 제안하려고 한다. 지금까지의 뇌과학은 '생각하는 뇌'를 들여다보기에 바빴다. ······ '설명하는 뇌'는 아마 '생각하는 뇌'와 '느끼는 뇌'가 보다 긴밀하게 협조하는 관계 속에 존재하리라 생각한다. 통섭은 바로 이 '설명하는 뇌'의 작용이다.

최재천 교수는 또 다른 저서 『통섭의 식탁』에서 다음과 같이 말한다.

나는 늘 "알면 사랑한다!"라는 말을 이마에 써 붙이고 다닌다. 인간과 자연이 서로에 대해 많이 알면 알수록 더욱 사랑하게 된다고 확신한다.

나는 최재천 교수의 이 같은 표현들을 다음과 같이 받아들인다. 『통섭』의 "설명한다. 그러므로 나는 존재한다"가 '설명하는 자'를 가리킨다면, 『통섭의 식탁』에서 외치는 "알면 사랑한다!"

는 '사랑하는 자'를 가리키는 것이라고.

그리고 그 의미를 내 멋대로 다음과 같이 확대해본다. 설명하는 자는 어떤 대상을 설명하기 위해서 그 대상을 알려고 하지만, 사랑하는 자는 어떤 대상을 사랑하기 때문에 그 대상을 알려 한다고. 그리고 알면 알수록 더 사랑하게 된다고. 그 대상이 교육이라면 이렇게 말할 수 있을 것이다. '교육을 설명하는 자'는 교육을 설명하기 위해서 교육을 탐구하지만, '교육을 사랑하는 자'는 교육을 사랑하기 때문에 교육을 탐구한다. 그리고 교육에 대해 제대로 알면 알수록 교육을 더 사랑하게 된다.

지금 우리 사회는 교육에 대한 사랑보다는 온통 설명만 넘쳐난다. 이번 '초등학교 만 5세 취학연령 하향' 논쟁도 마찬가지다. 이 논쟁의 관련자 또는 참여자 중에서 나는 '교육을 설명하는 자'와 '교육을 사랑하는 자'를 구분할 수 있었다. 그 구분이 나의 주관적인 감정이 아니냐고 공격당할 수도 있지만, 교육을 사랑하는 나의 입장에서 볼 때 분명히 구분할 수 있었고 느낄 수 있었다.

나는 이번 논쟁의 허무한 승부를 낳은 원인이 정책 제안자의 논리나 설명 부족보다는 다른 곳에 있다고 본다. 바로 정책 제안자에게서 '교육을 사랑하는 자'의 모습이 보이지 않았기 때문이다. 사랑하는 연인을 대하듯 교육 현장에 대한 세심한 배려와 접근이 부족했기 때문이다. 코로나19로 지친 현장을 보듣기보다 생산성 향상을 위한 역할을 강요했기 때문이다.

교육에 대한 설명보다 사랑이 필요한 시기다. 교육부 장관을 포함한 새로운 교육 당국자들은 교육을 설명하기보다 먼저 사랑하는 사람이었으면 좋겠다. 교육이 이루어지는 학교 현장을 분석·평가·지원의 대상이 아니라 사랑의 대상으로 여겼으면 좋겠다.

그러기 위해서는 우리가 너무나 잘 아는 「풀꽃」(나태주)의 시어詩語처럼 교육을 더 자세히 그리고 오래 보아야 한다. "자세히 보아야 예쁘다. 오래 보아야 사랑스럽다. 너도 그렇다"를, "자세히 보아야 예쁘다. 오래 보아야 사랑스럽다. 교육도 그렇다"로 읽어야 한다.

11

경계선의 학교장, 꽃피울 수 있을까?

(2022년 9월)

    교육 관련 신문을 보다가 「가해와 피해, 그 미묘한 경계」라는 기사 제목이 눈에 들어왔다. 학교전담경찰관SPO이 학교폭력 사안을 조사하면서 겪은 어려움을 토로한 내용이었다. 사안을 조사해보니, 피해자라고 주장한 학생도 가해자로 지목한 학생에게 학교폭력을 행사한 정황이 있어서 누가 가해자이고 피해자인지를 구분하기 힘들다는 이야기였다. 서로 피해자라고 주장하는 두 사람 사이의 '그 미묘한 경계'에서 어려움을 겪고 있는 학교전담경찰관의 고충이 느껴졌다.

  학교 생활을 하다 보면, 이렇게 판단하기 어려운 경계의 지점들이 많다. 특히 판단과 결정의 최종 책임을 감당해야 하는 학교장은 하루하루가 경계선 위의 삶이다. "교장은 교무를 총괄하고 소속 교직원을 지도·감독하며 학생을 교육한다"(초중등교육법 제20조)라는 추상적 개념은 경계선에 서 있는 학교장에게 어떤 실질적 도움도 주지 못한다. 다음의 몇 가지 사례에서 보듯 그 난해한 경계들은 너무도 구체적이고 현실적이기 때문이다.

- 기존에 없던 새로운 업무가 생겼다. 그 업무를 어느 부서가 담당할 것인가를 놓고 서로 자기 부서는 아니라고 한다.
- 학부모로부터 특정 교사에 대한 불만성 전화를 받았다. 해당 교사는 그 학부모가 오해하고 있다고 말한다.
- 학생과 교사가 충돌한 사안이 발생했는데, 학생은 학교폭력_{인권 침해}이라고 하고 교사는 교권 침해라고 주장한다.
- 강력한 태풍의 상륙을 앞두고 교육청에서 공문이 왔다. 휴업 또는 원격 수업 전환을 "호우 및 강풍 등으로 위험이 예상되는 상황을 종합적으로 고려하여 학교장이 결정"하라고 적혀 있다.

이런 구체적 현실 앞에서 학교장은 늘 판단을 내려야 한다. 경계선에 홀로 던져진 고독한 판단자다. 힘들고 피곤하며 엄청난 부담감을 감당해야 한다. 경계^{境界} 또는 경계선이라는 위치는 안심과 편안함보다는 왠지 불안과 불편함으로 다가온다. 함께와 협력보다는 따로와 경쟁을 먼저 떠오르게 한다.

실제로 우리 사회의 많은 분열과 다툼이 지나친 경계 짓기에서 나온다. 무리 지어 사는 사회에서 경계 짓기는 어쩔 수 없는 현실이다. 중요한 것은 그 경계를 어떻게 인식하는가이다. 『통섭』의 저자 윌슨_{Edward O. Wilson}은, 나누고 갈라침으로서의 경계가 아니라 학문의 통섭을 위해 다음과 같이 새로운 경계의 의미를 제시한다.

> 학문의 커다란 가지들을 통합하고 문화 전쟁을 종식시키는 방법은 딱 하나뿐이다. 과학 문화와 인문학 문화 간의 경계를 국경으로 보지 않고 양쪽의 협동 작업을 애타게 기다리고 있는 미개척지로 보는 방법뿐이다. 오해는 미개척지를 무시할 때 발생하는 것이지 정신 구조의 차이 때문에 생기는 것은 아니다.

결합이 불가능할 것 같은 두 영역의 경계에 서서 석학은 통섭이라는 이름으로 새로운 공존을 시도한다. 그가 취한 방법은 경계를 국경으로 보지 않고 양쪽의 협동 작업을 애타게 기다리고 있는 미개척지로 보는 것이다. 학교장이 서 있는 경계도 상호 감시가 아니라 상호 열망의 눈빛으로 바라보는 미개척지가 되어야 하지 않을까? 갈등이 아니라 창조의 현장이 되어야 하지 않을까?

우리 사회, 우리 교육, 우리 학교에는 새로운 경계의 의미가 필요하다. 경계라는 단어의 부정적 인식 때문에 '경계를 파괴해야 한다', '경계를 무너뜨려야 한다'라는 목소리가 호응을 얻는다. 하지만 그 경계는 우리의 바람처럼 쉽게 파괴되거나 무너지지 않는다. 나는 이제 경계를 파괴하거나 무너뜨리기보다 '품어야' 한다고 생각한다. 경계를 품어야 할 새로운 미개척지로 여겨야 한다. 경계선은 서로 다른 영역을 구분 짓는 단순한 선이 아니라 그 자체가 하나의 영역이어야 한다.

학교장이 서 있는 경계선! 그것은 단순한 갈등과 선택의 외줄이 아니라 새로운 창조를 기다리고 있는 하나의 영역이다. 함민복 시인은 「꽃」이라는 시의 첫 줄에서 "모든 경계에는 꽃이 핀다"라고 표현하고 있다. 학교장은 경계라는 텃밭에서 평화의 꽃을 가꾸는 시인詩人이어야 한다. 갑질이니 군림이니 하는 억울한 누명을 이겨내고 많은 이에게 미소를 선사하는 꽃으로 피어나야 한다.

가을이다. 추석이다. 길 따라 꽃이 피어 있다. 그 꽃길은 구분의 경계선이 아니라 알뜰한 공유지다. 경계선의 학교장! 과연 꽃으로 피어날 수 있을까?

12

넌 학생이고
난 선생이야?

(2022년 12월)

"넌 학생이고 난 선생이야!"

드라마 〈로망스〉와 영화 〈동갑내기 과외하기〉에 나왔던 유명한 대사다. 〈로망스〉에서는 학교의 여교사가 남학생에게 내뱉는 말로, 〈동갑내기 과외하기〉에서는 여대생이 동갑내기 고등학생을 개인 과외 하면서 내뱉는 말이다. 이 대사가 나오는 드라마와 영화 속의 상황은 서로 다르지만, 분명히 한 가지는 같은 내용을 말하고 있다. 학생과 선생은 다르다는 것. 학생과 선생은 과연 어떻게 다를까? 학생이란 무엇이고, 선생이란 무엇일까?

"선생님께 대들면 학생부 남는다." 교육부가 발표한「교육 활동 침해 예방 및 대응 강화 방안 시안」을 보도한 한 일간지의 헤드라인이다. 방안에 따르면, 학생이 중대한 교육 활동 침해를 저지르면 교권보호위원회의 조치 사항을 학생부에 남기도록 하고 가해 학생을 피해 교원과 즉시 분리하도록 한다는 것이다. 교원에게 명확한 생활지도권을 부여하는 초·중등교육법 개정안도 국회를 통과했다. 갈수록 심해지는 교권 침해와 다수 학생의 학습권 피해를 더 이상 방치해서는 안 된다는 목소리가 힘을 얻으면서 이와 같은 다양한 대책이 논의되고 있고 논란도 많다.

안타까운 현실이다. 학생과 교사의 관계가 교과서에서 요구하는 존경과 사랑까지는 아니더라도, 이렇게 법과 규정에 의지해야만 유지될 수 있는 것일까? 학교 안의 인간관계가 교육학적 기반이 아닌 법률적 기반에 기초해야만 할까? 이런 징벌적이고 통제적 관점에는 우리 시대의 학생상과 교사상이 어떤 모습으로 일그러져 있을까?

이 기회에 교권 침해 예방을 위한 대책 찾기에 그치지 말고, 이 시대에 요구되는 새로운 학생상과 교사상을 모색해보자. 학생과 교사를 어떤 존재 또는 위상으로 보느냐에 따라 교권 침해 예방 대책에 대한 입장이 다르기 때문이다. 인공지능과 메타버스가 손짓하는 시대에 학생관과 교사관도 변할 수밖에 없다. 그 변화상에 대한 올바른 이해와 공감이 있을 때 교권 침해 방지 대책도 효과를 거둘 수 있다.

과연 이 시대에 우리 사회에서 학생이란 어떤 존재이며 교사란 어떤 존재일까? 이러한 근본적 질문에 답하기 위해 어떤 접근이 필요할까?

먼저, 무엇보다 새로운 학생관의 모색이 필요하다. 이 시대에 학생이란 어떤 존재인가에 대한 본질적인 고민이 필요하다는 것이다. 서점에 있는 교육학 개론의 목차를 보면 대부분 하나의 장章으로 '교사론'이 있다. 그런데 '학생론'은 없다. 결론부터 말하면, '학생론'이 하나의 장章으로 포함된 교육학 개론을 새로 써야 한다.

물론 학생론이 왜 없느냐고 반문할지도 모르겠다. 대부분의 교육학 개론에서는 교육심리학에 기초한 학습자의 발달을 필수처럼 다루고 있다. 이것이 학습자로서의 학생에 대한 이해이고 곧 학생론이 아니냐고 주장할 수도 있다. 하지만 여기에서는 학생이 무엇인가에 대한 정체성보다는 학습자의 발달 과정에 관심이 있다. 학생이란 존재 자체의 의미보다는 학습자의 발달이 어떻게 이루어지는가에 대한 피아제J. Piaget와 비고츠키L. Vygotsky의 '인지 발달 이론', 프로이트S. Freud와 에릭슨E. H. Erikson의 '성격 발달 이론', 콜버그L. Kohlberg의 '도덕성 발달 이론' 등이 펼쳐지고 있을 뿐이다.

내가 요구하는 학생론은 학생 발달론이 아니라 학생 존재론이다. 학생이란 어떤 존재인가에 대한 철학적이고 존재론적인 물음이다.

전통적인 교육학의 관점에서 학생은 늘 결핍한 존재였고 그 결핍을 채우는 것이 교사의 의무였다. 교사는 이미 바람직한 태도와 지식을 갖춘 스승이어야 했고, 학생은 늘 결핍 상태에 있어야 했다. '학생은 늘 결핍 상태에 있다'라는 인식은 '학생은 가르쳐야만 성장할 수 있다. 통제하지 않으면 문제가 생긴다'라는 인식으로 이어진다. 따라서 전통적인 관점에서의 교육은 학생을 기성세대와 사회가 의도하는 방향으로 성장시키기 위해 통제 control 와 간섭 intervention 을 주요 수단으로 삼았다.

하지만 이런 전통적인 교육학의 전제에 반대하는 목소리도 있다. 학생은 결핍한 존재가 아니라 어른과는 다른 나름의 존재 의미를 가지며 자신의 가능성을 스스로 완성해가는 존재라는 것이다. 통제와 간섭의 대상이 아니라는 것이다. 이러한 입장의 대표적 목소리를 소개하라면 나는 주저 없이 소파 방정환을 떠올린다.

'어린이'라는 말을 처음 만든 방정환은 동학의 인간관을 바탕으로 어린이를 '한울님'으로 선언한다. '어린이가 한울님'이라는 의미는 어린이를 어떤 경우라도 무시하거나 업신여기지 말고 하나의 완전한 인격체로서 존중하라는 말이다. 어린이는 백지상태로 태어난 것도 아니며, 미숙하고 불완전하여 보호받아야 하는 존재만이 아니라 이미 자신만의 독특성을 지니고 자신을 온전히 실현할 씨앗을 가지고 태어났다는 것이다.

이런 입장에서 볼 때 교육의 주체는 교사나 부모가 아니라 어린이 스스로다. 방정환은 어린이의 성장에서 가장 중요한 요소는 무위이화無爲而化의 자율적 생명 원리에 따른 어린이의 내적 성장력이라고 보았다. '스스로 자란다'라는 말이 담고 있는 뜻은 어린이를 백지상태로 태어났기에 어른이 뭔가를 채워 줘야 하는 존재가 아니라 마치 씨앗처럼 이미 자기만의 개성과 특징을 지니고 스스로 발현하는 존재로 보았다는 것이다.

방정환에게 어린이는 어른이 필요로 하는 '주문품'이 되기 위해 태어나는 것이 아니라 '훌륭한 한 사람'으로 태어나 '독특한 한 사람'이 되어가는 존재였다. 어린이의 존재를 부모의 친권이나 사회제도 아래 놓인 종속적 위치가 아닌 독립된 자율적·평등적 위치에서 보는 것이야말로 방정환의 핵심적 아동관이다(방정환배움공동체 구름달, 『교사, 방정환에게 길을 묻다』).

이렇게 '학생을 어떤 존재로 볼 것인가'의 관점에는 현격한 차이가 있다. '결핍한 존재'와 '독특성을 지닌 존재' 사이에 다양한 관점의 스펙트럼이 존재한다. 그리고 이러한 관점의 차이가 현실에 어떻게 투영되고 있는지 우리는 곳곳에서 만나게 된다. 예를 들어, 학생 인권을 강조하는 입장에서는 '독특성을 지닌 존재'에 더 방점을 두며, 교권을 강조하는 입장에서는 학생을 '결핍한 존재' 또는 '미성숙한 존재'로 보는 관점이 강하게 드러난다.

교권 침해에 대한 입장도 학생을 바라보는 관점에 따라 다르다. 따라서 지금 논의되고 있는 교권 침해의 진단과 대책도 단순히 현실적인 효과 차원에서만 접근하지 말고 그 기저에 있는 서로 다른 학생관에 대한 이해를 바탕으로 이루어져야 한다. 학생이란 존재를 어떻게 볼 것인가에 대한 상호 이해의 접점을 찾아야만 교권 침해 예방을 위한 근본적인 대책이 도출될 수 있다. 하나의 독립된 장章으로서 '학생론'이 집필되어야 하는 이유가 여기에 있다.

근본적인 교권 침해 예방을 위해 필요한 또 하나의 과제가 새로운 교사관의 모색이다. 교육학 개론에 거의 없는 '학생론'이 새로 써야 하는 주제라면, 거의 필수적으로 등장하는 '교사론'은 대폭 보완·집필되어야 할 부분이다. 앞에서도 언급했듯이, 서점에 있는 교육학 개론의 목차를 보면 대부분 하나의 장으로 교사론이 있고 그 핵심 내용으로 교직관이 소개되고 있다.

소개되는 주요 교직관으로는 성직자처럼 교직을 사명으로 여기고 헌신과 봉사를 강조하는 관점성직관, 다른 직업과 같이 교사를 노동자로 보는 관점노동직관, 교과교육과 인간의 성장과 발달에 대한 전문적인 지식을 갖추고 이를 수행하는 관점전문직관 등이 있다. 그리고 교육 활동의 목적과 방법을 사적 활동이 아닌 공적 활동에 두는 관점공직관, 교직을 학생과 학부모 및 지역사회에 대한 서비스 행위로 보는 관점서비스관 등도 추가로 소개되고 있다.

그런데 이와 같은 전형적인 교직관의 분류는 심각해진 교권 침해라는 절박한 현실 앞에서 우리에게 어떤 도움도 주지 못한다. 정형화·독자화·고정화된 모습으로 교사상을 그리고 있기 때문이다. 성직자, 노동자, 전문가, 공직자 등으로 그려지고 있는 교사의 모습은 왠지 교육 박물관에 전시된 마네킹처럼 보인다. 학교 현장에서 다양한 모습으로 고군분투하고 있는 현실의 교사가 아니라 전시 기획자가 교사의 특정한 측면만을 조각하여 진열장이라는 닫힌 공간에 설치한 전시물처럼 보일 뿐이다.

더구나 우리 사회는 각자의 입장에 따라 서로 다른 교직관을 요구하고 있다. 국가에서는 교사가 국가의 지시에 충실히 따르기를 요구하는 공직관을 주로 강조한다. 학생이나 학부모는 교사가 성직관을 지닌 전문가로서 헌신적으로 교육에 매진하길 바란다. 그러나 대체로 노동직관과 전문직관을 함께 가지고 있는 교사는 학생이 교권을 침해하고 있으며 자신의 전문성에 도전한다고 생각하는 경우가 많다. 전시물로 설치된 교직관마저도 자신의 입맛에 따라 해석하는 것이다.

이런 상황에서 보완되어야 하는 '교사론'은 어떤 것일까? 결론부터 말하면, 단독자로서 서 있는 교사의 모습이 아니라 학생과의 관계론적 관점에서 쓴 교사론이 추가되어야 한다. 지금까지 언급한 성직관, 노동직관, 전문직관, 공직관 등은 단독자로서 서 있는 교사의 모습이다. 하지만 교사는 학교 현장에서 단독자로 존재하지 않는다. 교사는 기본적으로 학생과의 관계에서 존재한다. 학생이 존재해야만 교사도 존재할 수 있다. 이제 새롭게 보완·집필되는 교육학 개론의 '교사론'은 '학생-교사 관계론'으로 바뀌어야 한다.

학생-교사 관계의 양태는 학생의 삶과 학습에 교사가 어느 정도 개입하느냐에 따라 다양하게 나타날 수 있다. 예전에는 학생의 생활, 학습, 미래 설계 등 학생의 모든 것에 교사의 개입이 절대적이었다. 학생 하루하루의 삶에 교사의 개입이 있었고, 지금은 상상하기 어려운 가정방문도 있었다. 고등학교와 대학교 입학, 취업 등과 같은 미래 설계도 특별한 사유가 없는 한 교사가 정해준 대로 따랐다. 수업이 교사 중심의 일방적인 방식으로 이루어졌음은 두말할 나위도 없다.

하지만 이제 학생의 모든 것을 이끌고 통제하고 결정하던 교사의 모습은 사라지고 있다. 통제자·결정자로서의 교사보다는 조력자·지원자·촉진자·가이드·코치로서의 교사가 더욱 익숙하다. 점점 학생에 대한 교사의 개입이 줄어들고 학생의 자율권과 주도성이 강조되는 상황이다.

교사의 개입이 줄어드는 추세를 보여주는 최극단의 사례는 랑시에르J. Rancière가 주장한 '무지한 스승'일 것이다. 교사와 학생의 지적 평등을 전제로 학생의 지적 해방을 주장하기 때문이다(자크 랑시에르, 『무지한 스승』). 랑시에르는 교육에서 교사의 설명 행위를 비판한다. 설명 행위는 교사와 학생을 유식한 정신과 무지한 정신, 성숙한 정신과 미성숙한 정신, 유능한 자와 무능한 자, 똑똑한 자와 바보 같은 자 등으로 분리하기 때문이다. 스승은 우월한 지능을 가졌으므로 자신의 지식을 학생의 지적 능력에 맞추어 전달할 수 있다는 설명의 원리를 랑시에르는 '바보 만들기abrutissement' 원리라고 표현한다.

랑시에르에 따르면, 학생은 설명해주는 스승이 없이도 홀로 배울 수 있다. 무언가를 설명해주는 스승 없이 혼자 힘으로 배워본 경험이 모든 사람에게는 있다. 스승의 우월한 지능으로 학생의 열등한 지능을 종속시키려는 것은 바보 만들기다. 중요한 것은 스승과 학생의 의지다. 가르치고 배우는 행위는 기본적으로 스승의 앎이나 학식을 전달하고 설명하는 데 있는 것이 아니라 학생의 지능이 쉼 없이 자율적으로 실행되도록 의지를 북돋우는 데 있다. 결국 랑시에르에게 무지한 스승이란 학생에게 가르칠 것을 알지 못하는 스승이다. 그는 어떤 앎도 전달하지 않는 무지한 스승이지만 다른 이의 앎의 원인이 되는 스승이다. 스승은 학생에게 구하던 것을 계속 구하라고 명령함으로써 학생의 앎의 원인이 될 뿐이다.

교사는 학생에 대한 절대적 지배자와 지적으로 평등한 무지한 스승 사이에서 다양한 모습으로 존재한다. 그 위치가 어느 지점이든 교사의 존재 의미는 학생과의 관계 속에서 논의되어야 한다. 당연히 교권 침해 방지 대책도 지금 학생과 교사의 관계가 어떤 모습으로 유지되고 있는가에 대한 면밀한 검토 속에서 이루어져야 한다. 단지 가해자와 피해자의 악연 탈출을 위한 처방적 관점을 넘어 우리 사회에서 학생과 교사의 관계가 어떤 모습으로 재설정되어야 하는지에 대한 공동의 연구로 진행되어야 한다.

파머P. J. Palmer는 『가르칠 수 있는 용기』에서 학교 현장의 교사와 학생 간 관계가 소원해지는 이유가 공포 또는 두려움에 있다고 말한다. 학생의 입장에서는 자신이 보잘것없고 가치 없는 존재로 드러날지 모른다는 공포, 실패자로 낙인찍힐 것에 대한 두려움이 있다. 반면에 교사의 입장에서는 교사로서 인정받지 못하거나 존중받지 못할 것에 대한 공포, 학생과의 연결이 끊길 수도 있다는 두려움이 있다.

그런데 심각해지는 교권 침해의 상황에서 교사는 이러한 인정과 존중의 상실이라는 두려움 이전에 기본적이고 일차적인 공포를 느끼고 있다. 교사의 기본 책무인 교육권의 무력화와 일상적인 삶마저 어려운 생존권에 대한 위협이다. 그러다 보니 교사는 자신의 능력을 마음껏 발휘할 수 없는 "좁은 벽장에 갇힌 거인"(이혁규, 『한국의 교사와 교사되기』)이 되어가고 있다.

이러한 참을 수 없는 분노와 공포 속에서 '넌 학생이고 난 선생이야!'라는 교사의 외침은 공허한 메아리일 뿐이다. 교권 침해 행위의 학생부 기록이나 생활지도권 강화의 법률 개정이 나름의 효과를 거둘 수도 있지만, 근원적인 대책이 될 수 없음은 분명하다. 근원적인 해결의 출발점은 '지금 우리 사회에서 학생과 교사의 관계를 어떻게 설정할 것인가'라는 질문에서 시작되어야 한다. 그리고 이러한 질문에 답하기 위해 학교 현장의 모든 교원이 공동 저자로 참여하는 진짜 교육학 개론을 써야 한다.

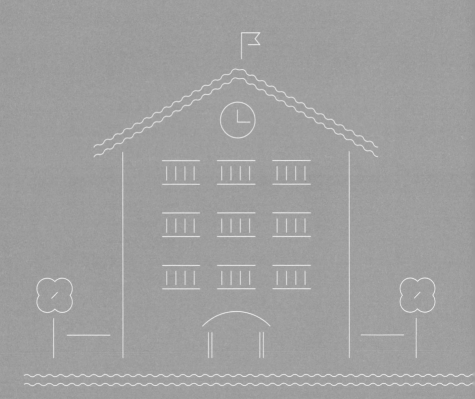

장소

학교는 배움과 가르침의 장소다.
학생은 배움을 위하여 학교라는 장소로 매일 모인다.
그런데 코로나19로 인해 모이지 않고도 배울 수 있는
온라인 공간으로서의 학교가 더 빨리 다가왔다.
사람들은 이러한 학교가 새로운 시대의 흐름이라고 한다.
디지털 네이티브에게 더 적합한 학교의 모습이라고 한다.
그런데 왠지 헛헛하다. 사람 냄새가 나지 않는다.
어떻게 하면 서로 따뜻하게 안아주는 환대의 학교를 만들 수 있을까?

13

환대의 교실,
그립다
(2020년 4월)

개학이 또 늦춰졌다. 코로나19는 개학을 늦췄을 뿐만 아니라 '온라인 개학'이라는 새로운 용어를 탄생시켰다. 또한 알베르 카뮈^{A. Camus}의 소설 『페스트』를 스테디셀러에서 베스트셀러로 등극시켰다. 카뮈는 『페스트』를 통해 전염병 장기화로 사람들의 영혼이 황폐해지는 것을 걱정했다. 절망한 시민은 오로지 질병 종식에만 매달려 정상적인 사고력을 잃는다. 관심이 획일화되고, 타인을 향한 습관적이고 상투적인 감정 던지기가 판친다. 답답한 나머지 날씨에 따라 마음이 오락가락하는 '노예 상태'가 되어간다.

정도의 차이가 있을 뿐, 지금 우리의 상황이 이와 크게 다르지 않다. 3월이 '답답함'이었다면 이제 4월은 '잔인함'으로 다가온다. 그런데 나는 이러한 답답함이나 잔인함보다 더 걱정되는 것이 사람들끼리 서로 던지는 혐오다. "중국 검색하면 감염, 공포 … '짱깨' 표현 사흘 만에 31배로"라는 한 신문의 헤드라인이 보여주는 것은 특정 국가나 민족을 향한 혐오다. 타국(민)에 대한 이러한 혐오는 우리 사회 내부로 들어와서 우리끼리의 다양한 혐오를 양산한다.

이러한 혐오의 모습은 학교 현장에도 그대로 투영되어 나타날 것이다. 등교 개학하여 학생들이 만났을 때 코로나19의 확진자였다가 완치자가 된 학생이 있다면, 그 학생은 자신의 그러한 병력病歷을 쉽게 밝힐 수 있을까? 그 학생은 자신의 고유 이름보다 '확진자 몇 번'이라는 이름으로 친구가 아닌 혐오의 대상이 될 것이다.

다른 사람을 혐오하는 건 나쁘다. 그래서 타자를 함부로 혐오해서는 안 된다고 모두 말한다. 그러나 혐오가 나쁘다는 사회적 합의는 빈껍데기에 불과하다. 그러한 합의에도 불구하고 우리는 다양한 혐오 속에서 살아가고 있기 때문이다.

왜 이렇게 혐오가 증가할까? 원인은 두 가지다. 하나는 혐오가 무엇인지를 잘 모르기 때문이다. 다른 하나는 첫째 원인의 당연한 결과로서, 사람들이 혐오 행위를 하면서도 자신을 혐오 행위자로 인정하지 않기 때문이다.

우리는 혐오가 무엇인지를 제대로 알아야 한다. 등교 개학 후 교실에서 반갑게 만난 학생들이 서로에게 큰 상처를 주는 혐오 행위자가 되지 않도록 준비해야 한다.

혐오, 한자로는 '싫어할 혐嫌'에 '미워할 오惡'를 쓴다. 한마디로 '싫어하고 미워하는' 감정이다. 영어로는 구토를 유발하는 싫은 감정을 뜻하는 'disgust'가 일반적으로 사용된다. 우리가 어떤 대상에 대해 '혐오스럽다'라고 표현할 때 갖게 되는 일차적이고 생리적인 반응을 말한다.

혐오 연구의 대가인 심리학자 로진P. Rozin에 따르면, 혐오는 어떤 대상이 자기 몸 안으로 들어와 자신을 더럽힌다는 느낌과 이어져 있다. 혐오란 오염원이 신체의 경계선을 넘어 몸 안으로 침투한다고 느낄 때 극대화된다.

세계적인 철학자이자 윤리학자인 누스바움Martha C. Nussbaum은 혐오를 '원초적 혐오'와 '투사적 혐오'로 구분한다(마사 누스바움,『혐오와 수치심』;『혐오에서 인류애로』). 배설물, 콧물, 시체, 진액, 썩은 고기, 구더기, 바퀴벌레 등을 보거나 만질 때, 또는 실제 감염 위험이 있을 때 나오는 직관적 반응이 원초적 혐오다. 이런 직관적 반응을 특정 집단에 투사하여 흑인, 여성, 유대인 등 특정 집단이 이런 오염원의 속성을 지니고 있다고 덮어씌우는 것이 '투사적 혐오'다.

영화 〈기생충〉에서 박 사장의 아들 다송이는 기택 가족의 냄새를 가장 먼저 알아챘다. "둘이(기택과 충숙 부부) 냄새가 똑같애. 제시카 선생님(딸)한테도 비슷한 냄새가 났어." 다송이는 같은 냄새가 난다고 알아채지만, 그 냄새로 경계선을 만들지는 않는다. 이와 달리 아빠 동익은 기택의 냄새로 경계선을 만든다. 기택의 냄새는 '오래된 무말랭이 냄새', '행주 삶을 때 나는 냄새', '지하철 타는 놈들 특유의 냄새'다. 냄새라는 속성이 특정한 집단에 투사되면서 그들을 다른 집단과 구별하는 투사적 혐오가 나타난 것이다. 이 메커니즘은 상대를 역겨운 속성으로 환원해버리고 '타자는 더럽고, 나는 깨끗하다'라는 이중의 망상delusion으로 나타난다는 것이 누스바움의 지적이다.

혐오 감정은 왜 이렇게 쉽게 투사될까? 왜 오염물에 대한 감정으로 그치지 않고, 확장된 차별의 모습으로 나타날까? 이는 별도의 논의가 필요하다. 여기서는 한 가지만 짚고 넘어가자. 아니 우리 자신을 되돌아보자. 우리 모두 투사적 혐오라고 여겨질 수 있는 불합리한 혐오적 사고를 하나쯤은 갖고 있지 않은가?

혐오는 어떻게 극복될 수 있을까? 혐오는 나쁘니까 혐오하지 말라고 탈혐오의 당위성만 강조하는 것은 무기력하다. 학생들에게 '거짓말하지 말라'는 요구의 저쪽에는 '진실을 말하라'는 적극적 행위 지침이 자리 잡고 있다. 마찬가지로 '혐오하지 말라'는 요구의 저쪽에도 '~을 하라'는 적극적 행위 지침이 있어야 한다. 그래야만 혐오가 줄어들 수 있다. 여기서 나는 탈혐오를 향한 적극적 행위 지침으로 김현경의 '환대'를 떠올린다.

김현경은 『사람, 장소, 환대』에서 사람을 관계와 사회 내에서

'장소성 place, position 을 추구하며 성원권을 놓고 인정 투쟁하는 존재'로 규정한다. 사람과 인간은 다르다. 사람은 "어떤 보이지 않는 공동체—도덕적 공동체—안에서 성원권"을 갖는다는 뜻이다. 즉 사람됨은 일종의 자격이며, 타인의 인정을 필요로 한다. 어떤 개체가 인간이라면, 우리가 그것을 보기 전에도, 이름을 부르기 전에도 그 고유한 특성에 의해 이미 인간이다. 반면에 어떤 개체가 사람이 되기 위해서는 사회 안으로 들어가야 한다. 사회가 그의 이름을 불러주어야 하며, 그에게 자리를 만들어주어야 한다. 따라서 자신을 인정하는 사람들이 있는 공간에서 벗어날 때 그는 더 이상 사람이 아니다.

환대란 타인에게 자리를 주는 행위, 또는 사회 안에 있는 그의 자리를 인정하는 행위다. 자리를 준다/인정한다는 것은 그 자리에 딸린 권리들을 준다/인정한다는 뜻이다. 결국 사람이 된다는 것은 이러한 권리가 인정되는 자리/장소를 갖는다는 것이다. 여기서 자리의 의미는 중의적이다. 하나는 자리 잡고 살 공간이고, 다른 하나는 직위 또는 지위다. 이에 따르면, 중국 우한에 고립되었던 우리 국민이 귀국하는 과정에서 우리 사회는 한때 그들을 '사람'으로 인정하지 않으려 했다. 돌아와서 생활하고 치료할 공간을 내주지 않으려 했고 우리 국민이라는 지위를 인정하지 않으려 했다. 다행히 빠른 시간 내에 환대로 바뀌긴 했지만, 처음에는 환대하지 않았다.

김현경은 데리다 J. Derrida가 불가능하다고 여겼던 절대적 환대의 가능성을 상상한다. 절대적 환대의 한 유형으로 '신원을 묻지 않는 환대'가 있다. 이것은 모든 인간 생명은 출생과 더불어 사람이 된다는 것이다. "태어난 생명을 무조건적으로 환대한다는 것은 그 생명이 살 가치가 있는지 (더 이상) 따지지 않는 것"이다. "타자를 사람으로 인정한다는 것은 그의 가치를 인정하는 게 아니라, 가치에 대한 질문을 괄호 안에 넣은 채 그를 환대하는 것"을 말한다. 타자는 이러한 절대적 환대의 방식을 통해 비로소 사람이 되고, 도덕적 주체가 된다.

등교 개학 후 학생들이 다시 만난 교실의 모습은 어떨까? 김현경이 상상하는 절대적 환대의 모습이 상영되는 극장이 될 수 있을까? 다음의 표현에서 보듯이, 일단 현재 학교의 모습에 대한 김현경의 평가는 박하다.

> 학교는 겉으로는 존중을 이야기하면서 실제로는 경멸을 가르친다. …… 지금 아이들은 사회에 나갔을 때 꼭 필요한 두 가지 기술 ―경멸하는 법과 경멸에 대처하는 법―을 익히는 중이다.

학교는 경멸과 혐오의 공간 아닌 환대의 공간이 되어야 한다. 어떻게 해야 할까?

첫째, 학교에서 나타나는 학생들의 혐오적 행동이나 표현을 특정 학생의 개인적 일탈 행위로 여기지 말아야 한다. 그것은 문제아로 지칭되는 특정 개인의 문제가 아니라 사회의 전반적인 모습이 교실에 그대로 투영된 사회 전체의 문제로 인식되어야 한다. 김현경이 "마치 어른들이 입 밖에 내고 싶어 하지 않는 사회의 진실을 아이들이 연극의 형식으로 보여주는 것 같다"라고 표현한 것처럼, 교실은 우리 사회의 복사판이다. 혐오를 특정 개인의 일탈 행위가 아니라, 사회 전반에 나타나는 혐오가 교실에 그대로 투영되어 나타나고 있다는 교실사회학 관점에서 보아야 교실의 혐오에 대한 바른 인식과 대책을 수립할 수 있다.

둘째, 혐오를 넘어 환대를 위한 교육 전략으로 '지평 넓히기'를 제안한다. 누스바움에 따르면 우리는 인간의 동물성, 불완전성, 필멸성을 끌어안아야 혐오를 넘어 서로 연대하고 공존할 수 있다. 이때 단순히 타인의 처지를 '존중'한다는 형식적 존중에 머물러는 안 된다고 말한다. 형식적인 존중을 넘어 타인의 심리적 상태에 적극적으로 뛰어 들어가는 상상력을 가져야 한다고 역설한다. 누스바움은 내집단과 외집단을 나누는 인간 본성을 부인하지 않지만, 그 경계를 끝까지 밀어붙여서 인류 전체를 '내집단'으로 포괄하는 세상을 꿈꾼다. 한마디로 '지평 넓히기'다. 이러한 공존을 위한 '지평 넓히기'가 다양한 교육 전략으로 전개되어야 한다.

혐오는 혐오되어야 한다. 그 혐오의 자리를 학생들이 서로 반갑게 만나고 인정해주는 환대로 채워야 한다. 그리고 환대를 위한 '지평 넓히기' 공간으로서의 교실이 학생들에게 주어져야 한다. 3월의 답답함, 4월의 잔인함을 벗어나서 5월의 반가움이 기다려진다. 환대의 교실, 그립다.

제2부 장소 104 —— 105

14

해체의 눈으로 본
온라인 수업
(2020년 5월)

지금 낡은 교육적 관행을 버리고 개혁과 혁신을 해야 한다는 목소리가 높다. 그러나 새로운 그 무엇은 나오지 않는다. 이유는 그 목소리가 '교육 해체'가 아닌 '교육 깨기' 중심으로 이루어지기 때문이다. '깨기'가 낡고 오래되고 불필요한 건축물에 대한 철거 작업이라면, '해체'는 낡고 오래되었지만 필요한 건축물에 대한 복원 작업이다. 옛 성곽의 복원 공사 같은 것이 해체의 작업이다. '깨기'의 작업과 '해체'의 작업에는 다음과 같은 세 가지 차이가 있다.[*]

첫째, 작업의 목적에서 차이가 있다. 깨기는 기존의 것을 없애는 데 목적이 있고, 해체는 기존의 것을 분해하여 새로운 모습을 구축하는 데 목적이 있다. 깨기는 낡고 오래되어 불필요

---

* '교육 깨기'와 '교육 해체'에 대한 의미 및 교육적 적용에 대해서는, 이 책의 에필로그 「'교육 깨기'에서 '교육 해체'로」에서 더 상세하게 다루고 있다.

한 건축물을 깨뜨려 부숴버리는 것이다. 하지만 해체는 새로운 의미의 존재로 재탄생시키려는 작업이다.

둘째, 작업의 범위에서 차이가 있다. 깨기는 보이는 것 중심으로 작업하지만, 해체는 보이지 않는 것까지 고려하여 작업한다. 깨기의 목적은 깨뜨리고 부숴버리는 것이기에 눈에 보이는 깨뜨릴 대상에만 신경 쓰면 된다. 하지만 해체는 보이지 않는 것까지 신경 써야 한다. 눈에 보이지 않는 곳에 토대가 있기 때문이다.

셋째, 작업의 속도에서 차이가 있다. 깨기는 속도감 있는 작업 진행을 요구하지만, 해체는 속도보다도 내용을 중요하게 여긴다. 깨기는 부수는 작업이기에 속도감 있게 진행할 수 있다. 그러나 해체는 새로운 구축을 위한 청사진을 세심하게 검토하면서 진행해야 하기에 작업은 느려진다.

이러한 측면에서 갑자기 다가온 온라인 개학(수업)에 대한 우리의 대응이 교육 해체가 아닌 교육 깨기의 모습으로 흐르는 것 같아 우려스럽다.

"선생님 접속이 안 돼요. 애들아, 나도 못 들어갔어."
"엄마가 개학했다."
"여전한 천수답 교육 행정"

이와 같은 언론의 헤드라인을 보라. 이전의 수업 양태와 현재의 모습을 차분히 분석하여 새로운 방향성을 제시하는 해체의 문법이 아니라, 날것 그대로 깨기의 문법이 지배적이다. 온라인 수업이 갖는 교육적 의미, 기존의 수업과 비교하여 온라인 수업이 추구해야 하는 방향성 등과 같은 새로운 교육학의 조명은 찾아보기 힘들다.

해체가 관심을 두는 본질, 토대, 구조에 대한 궁구窮究는 보이지 않는다. 그야말로 보이는 것만의 나열과 실시간 중계방송이다. 스마트 기기의 부족, 접속 과부하와 불통, 교사의 온라인 수업 능력, 학부모의 고충, 사회적 배려 대상자의 디지털 격차 등 모두 성공적인 온라인 수업을 위해 당연히 고려되어야 하고 충실하게 준비되어야 할 사항이다. 따라서 이러한 것의 준비 부족에 대한 비판과 신속한 대책을 요구하는 것은 당연하다. 이것들은 누가 짚어주지 않더라도 쉽게 인지할 수 있고 예상되는 것이며, 한마디로 뻔히 보이는 것들이다.

그러나 이 보이는 것만이 고민해야 할 전부인가? 한 달여 넘는 온라인 수업이 실험실의 한 마리 모르모트로 끝나지 않으려면 보이지 않는 근본적인 것에 대해 질문을 던져야 한다. 예시로 다음과 같은 것들이다.

- 온라인 수업은 오프라인(교실) 수업이 불가능한 상황에서의 궁여지책인가? 아니면 시대 상황이 요구하는 새로운 교수-

학습의 패러다임인가? 짧게 말하면, 왜 온라인 수업인가?

- 온라인 수업이 새로운 패러다임으로 정착된다면 교사의 위상과 역할은 어떻게 될 것인가?
- 미래 사회에서 오프라인 공간으로서 학교와 교실은 어떤 모습이어야 하는가?
- 도대체 배움이란 무엇인가?

『학교 없는 교육 개혁』(데이비드 타이악, 래리 큐반)에서 저자는 그 많은 교육 개혁 노력에도 불구하고 학교교육의 기본 틀은 놀랄 정도로 안정된 모습을 유지해왔다고 주장한다. 시간과 장소를 나누고 학생들을 분류해서 교실에 배치하고, '과목'에 대한 파편적인 지식을 전수하며, 배웠다는 증거로 학점과 학년을 주는 방식은 거의 변하지 않았다고 평가한다. 저자는 이러한 학교교육의 기본 틀을 바꾸기 위해 교육 혁신가들이 도전했던 몇 가지 사례를 드는데, 이제 온라인 수업에 직면하여 도전 목록에 다음과 같은 것을 하나 더 추가해야 할지도 모르겠다. 교실이라는 공간을 벗어나 학생과 교사가 어느 곳에서도 가능한 비대면 방식으로 수업이 이루어지는 것.

『언스케일』(헤먼트 타네자, 케빈 매이니)의 저자들은 탈규모화 unscaled 되고 온라인화된 미래의 학교 모습을 다음과 같이 상상하고 있다.

전 세계의 개별 교실들을 연결해 가상으로 '학교'를 만들 수 있도록 해주는 새로운 앱들이 생기리라 본다. 과학을 좋아하는 미국의 5학년 학생은 같은 건물에 있는 1학년 학생보다 관심사가 같은 폴란드, 인도, 칠레의 5학년 학생과 더 공통점이 많다. 모바일, 소셜, 클라우드, 가상현실, 3D 프린팅을 활용하면 아주 멀리 떨어진 교실들을 하나로 묶을 수 있다. 이런 방식으로 새로운 시대를 위한 새로운 학교를 만들 수 있다면 학교 수만 채를 새로 짓는 것보다 훨씬 합리적일 것이다.

이것이 상상이 아니라 현실이라면, 이제 온라인 화상 수업 시스템 활용 방법에 대한 문의만이 아니라 학교, 교실, 교사, 수업의 의미와 미래 등에 관한 질문을 던져야 한다. 그것은 교육을 '깨기'가 아닌 '해체'의 입장에서 볼 때 가능하다.

교육부 장관이 "아무도 가보지 않은 길이고 새로운 도전"으로 규정한 온라인 개학, 그리고 온라인 수업이라는 배낭을 메고 새로운 길을 나선 교사들, 그 길을 떠나는 자의 배낭에 '깨기'의 깃발이 아니라 '해체'의 깃발이 나부끼길.

15

추억을 담은 교실
(2020년 8월)

시골 고향에 갔다가 갑자기 내가 다녔던 초등학교(그때는 국민학교)에 가보고 싶어졌다. 모든 사람이 공통으로 느끼는 것이겠지만, 어렸을 때 그렇게 거대했던 교정이 왜 그리 작게 보이는지……. 학교 울타리에 바짝 달라붙어 내가 공부하던 교실을 그냥 뚫어지게 십여 분을 움직이지 않고 쳐다보았다. 공부하고 친구들과 떠들면서 어린 시절의 대부분을 보낸 공간이다. 세월이 많이 흘렀지만 개축되지 않고 옛날 모습이 그대로인 것이 오히려 고맙다. 졸업식 노래의 "잘 있거라 아우들아, 정든 교실아"라는 가사처럼, 정말 교실에 정이 들었나보다. 그 정 때문에 이렇게 일부러 학교를 들러보기도 하고.

문득 이런 생각이 들었다. 요즘 학생들에게 교실은 어떤 공간일까? 요즘 학생들도 나처럼 교실에 정이 들까? 먼 훗날 초등학교 때의 교실이 그리워져 찾아보려는 마음이 생길까? 과연 우리에게 학교 교실이란 어떤 의미일까?

교실 공간 재구성에 대한 논의가 활발하다. 교육부의 '학교 공간 혁신 사업'이라는 타이틀이 보여주듯, 학교 공간을 새롭게 구성하려는 다양한 노력이 시도되고 있다. 서울시교육청에서 2017년부터 추진하고 있는 꿈담교실(꿈을 담은 교실) 사업이 대표적으로, 서울시교육청은 여기에서 한 걸음 더 나아가 2020년 6월 미담학교(미래를 담는 학교) 추진을 정부에 제안했다. 그리고 이에 부응하여 교육부에서는 2020년 7월 한국판 뉴딜의 대표 과제로 '그린스마트스쿨' 사업 계획을 발표하기도 했다.

학교 공간 중에서 당연히 가장 핵심적인 공간은 교실이다. 교실은 기본적으로 학습 공간이다. 따라서 교실 공간의 재구조화에서 가장 우선시되는 것은, 어떻게 하면 학습이 효율적으로 이루어지는 공간이 되게 할 것인가에 있다. 그리고 전통적인 교실이 단순히 지식을 전달하는 공간이었다면, 이제는 그것을 뛰어넘어 학생들의 창의력과 잠재력을 이끌어내기 위한 공간이 되어야 한다. 이를 위해 어떤 유형으로 교실의 구조가 설계되어야 할까?

애플의 교육 담당 부사장으로 디지털 네이티브를 위한 새로운 교육학을 주장하고 있는 존 카우치John D. Couch는 제이슨 타운Jason Towne과 공동 집필한 『교실이 없는 시대가 온다』에서 학생들의 잠재력을 이끌어내기 위한 학습 공간의 설계에 대해 다음과 같이 말한다.

지금껏 전 세계 수백여 개 학교와 교실을 둘러봤는데, 그 물리적 공간 대부분이 얼마나 구식인지 그리고 그 안에서 일어나는 일들이 얼마나 구태의연한지 놀랍기만 하다. …… 디지털 네이티브들은 참여하고 어울리고 공유하고 자기 삶과 관련된 것들을 만들어내려는 욕구를 가지고 있다. 하지만 대개 그것을 가능하게 하는 전용 학습 환경에 접근할 수가 없다. 학생들이 마음껏 활동할 수 있도록 일부러 만든 학습 공간과 디지털 학습 공간을 더 잘 이용할 수 있게 해주어야 한다.

이러한 문제의식에서 출발한 카우치는 교육 미래학자 데이비드 손버그David Thornburg가 제시한 세 유형의 학습 공간(모닥불형, 물웅덩이형, 동굴형)에 자신이 생각하는 산꼭대기형을 추가하여 네 가지 유형의 학습 공간을 소개하고 있다.

• 모닥불형 학습 공간(The Campfire)
 – 한 명이 다수에게 설명할 수 있는 학습 공간

모닥불형은 한 사람이 동시에 많은 사람에게 이야기하는 일대다―對多 모델이다. 역사적으로 이야기를 듣고 말하는 최적의 장소 가운데 하나는 모닥불 주변이었다. 일대다 모델은 지금까지 학교에서 가장 널리 알려진 학습 공간 형태다. 일대다 모델은 제대로 되면 효과가 좋지만, 유감스럽게도 대개는 그렇지가 않다.

실제 모닥불의 물리적 속성과 비슷하게 설계된 교실 환경에서 이야기를 들려주며 수사적인 질문을 이용하면 그 효과가 더 커질 수 있다. 예를 들어 책상을 줄 맞춰 놓기보다 원 모양으로 놓으면 사회적 강화가 일어나고 모두가 서로를 볼 수 있기 때문에 더 나은 선택일 수 있다.

우리는 이런 전통적인 방식을 교사 한 사람 중심의 일방적 교실이라고 쉽게 평가절하하기도 한다. 하지만 교육의 회로를 바꾼다는 건 일대다 교수법 같은 전통 방식을 무조건 버린다는 뜻이 아니다. 전통 방식을 학생들이 즐기보다는 참여하게 하기 위한 방법으로 이용한다는 뜻이다.

• 물웅덩이형 학습 공간(The Watering Hole)
 - 여럿이 함께 이야기를 나누며 문제를 푸는 협력적 학습 공간

모닥불형이 전문가 한 명이 여러 학습자와 정보를 공유하는 공간이라면, 물웅덩이형은 사람들이 함께 모여 개인 대 개인 방식으로 정보를 공유하고 서로 협력하는 공간이다. 예를 들어 직장에서 사람들이 만나 정보와 생각을 공유하는 다양한 공간을 생각해보자. 휴게실 같은 곳이 이런 장소였다. 물웅덩

이형이 중요한 이유는 다양한 배경, 관점, 일화를 가진 사람들에게 자신의 발상과 생각을 공유할 수 있는 기회를 제공함으로써 일대다 모델에서 놓칠 수 있는 다양한 생각을 허용하기 때문이다.

전통적인 학교 공간에서는 협력을 촉진하기 위한 물웅덩이형 공간이 거의 존재하지 않았다. 대학에서는 흔히 도서관 로비가 물웅덩이형 공간으로 이용되지만, 유치원부터 고등학교까지는 그런 것도 없고 도서관은 대화가 금지된 조용한 장소로 여겨진다. 물웅덩이형 공간과는 정반대다.

학교나 교실 환경에 곧바로 물웅덩이형 공간을 만들지 못할 이유는 없다. 최적으로 설계된 유치원 및 초·중등학교와 교실은 의도적으로 학습자를 위한 물웅덩이형 공간을 만들어놓았다. 거기서 학생들은 ①현재 수업에 관한 독자적인 결론을 공유하고, ②집단 기반 환경에서 발견하고 탐구하며, ③다른 학생들로부터 피드백을 이끌어내고, ④학습자이며 동시에 교사가 되며, ⑤기술을 적절하게 이용하도록 요구받는다.

• 동굴형 학습 공간(The Cave)

– 혼자 파고드는 학습 공간

동굴형 학습 공간에서 학습자는 혼자 시간을 보내며 글 쓰고, 코딩하고, 조사하고, 검토하고, 생각하고, 계획하고, 다른 공간으로부터 얻은 정보를 되새기는 시간을 갖는다. 동굴형은 우리가 세계를 이해하려 애쓰면서 이미 아는 것과 새로 얻은 정보를 통합할 때, 다른 사람들로부터 배우거나 다른 사람들과 협력하게 하기보다는 우리 내부에 있는 것과 접촉할 수 있게 해준다.

동굴형 공간이라고 해서 사방이 둘러싸여 있을 필요는 없다. 동굴형 공간으로 이용할 수 있기만 하면 된다. 때로 도서관에서 구석에 따로 떨어져 있는 책상을 볼 수 있는데, 그것이 개방적 동굴형 공간의 한 형태다. 그 자리는 대개 사람들이 가장 먼저 차지하기 때문에 가장 얻기 어렵다. 그런 곳은 시끄러운 공적 세계에서 조용히 홀로 있는 느낌을 준다. 그런 공간에서 외부의 지식이던 정보는 내부의 이해로 전환된다. 자연에서 찾을 수 있는 동굴형 공간으로는 혼자 앉아 있거나 걸을 수 있는 공원 또는 오솔길, 그리고 쉬면서 생각을 정리할 수 있는 해변 또는 호수가 포함될 수 있다. 그런 곳들은 학교와 교실을 설계할 때 직접 만들어야 하는 유형의 물리적 공간이다.

• 산꼭대기형 학습 공간(The Mountaintop)

– 실제로 체험하며 문제를 푸는 과정을 중시하는 학습 공간

산꼭대기형 공간은 학습에 생기를 불어넣는 공간을 말한다. 등산 방법을 이해하고 등산 능력을 기르려면 실제로 산에 올라야 한다. 그러려면 일단 산에 접근해야 한다. 산 자체가 어떤 주제를 근본적으로 이해하기 위해 필요한 최종적인 학습 공간이다. 산꼭대기형 학습 공간이란 실제로 산을 오르면서, 실제로 실행하면서 배우는 공간을 말한다.

산꼭대기형 학습 공간의 가장 큰 장점은 배움에서의 피드백이다. 실행을 통한 학습은 즉각적이면서 지속적인 피드백이 가능하다. 이는 다른 학습 공간에는 없는, 학습에서 가장 중요한 부분이다. 산을 오르면서 우리는 산에 오르는 법을 제대로 배우고 있는지를 알게 된다. 산에 오를 수 있다면 학습은 성공한 것이다.

다른 교육 영역에서는 흔히 실수에 대해 비난하거나 심지어 처벌하는 것과 달리, 산을 오르는 동안에는 실수가 장려될 뿐만 아니라 요구되기도 한다. 학습에 관한 한 실수는 처벌받아야 할 잘못이 아니라 귀중한 피드백이자 기회로 여겨야 한다. 하지만 대부분의 학교와 교실에서 직접 실행하는 학습이 점점 사라지고 있다. 학생들이 산에 오르도록 도와주는 산꼭대기형 공간, 말하자면 메이커 공간이 부족하기 때문이다.

교실이라는 공간에서는 이와 같은 다양한 형태의 학습이 이루어지고 있다. 어떤 학습 유형이 더 좋은지 우열을 가릴 수는 없다. 아마도 학생들의 다양한 특성과 학습 능력을 고려할 때 네 가지 유형이 공존하는 것이 가장 효과적일 것이다. 모닥불형 공간에서 이야기를 통해 학습 내용에 흥미를 느끼고, 물웅덩이형 공간에서 친구들과 학습 내용을 기반으로 이야기를 나눈다면, 동굴형 공간에서 보내는 시간을 이용해 그 내용을 스스로 되새기고 음미해볼 수 있다. 그리고 산꼭대기형 공간에서의 실행을 통해 실제로 산꼭대기에 올라와 있는 자신의 모습을 볼 수 있을 것이다.

학습 공간으로서의 교실은 이렇게 다양한 모습으로 꾸며졌으면 좋겠다. 공간 혁신이라는 붐boom에 휘말려 어떤 특정 유형의 공간 형태가 강조되는 모습으로 전개되지 않았으면 좋겠다. 포괄적 배움터인 '학습 공원learning park'의 개념이 적극적으로 적용되었으면 좋겠다.

더 욕심을 부린다면, 교실이 학습을 넘어 즐거운 삶의 장소로 기억되는 공간으로 만들어졌으면 좋겠다. 학생들은 대부분의 시간을 교실에서 보낸다. 그리고 대부분이 학습 시간이다. 그렇기에 학습 활동은 단순한 학습 과정이 아니라 삶의 과정이나 마찬가지다. 학습 활동과 일상적인 삶이 따로 떨어져 있는 것이 아니다. 학습 활동이 곧 삶의 활동이기에 내 어린 시절의 삶을 담고 있는 교실이 먼 훗날 그리워지는 것이다. 혹시나 요즘 아이들이 세월이 흐른 뒤에도 자기가 공부했던 교실에 대한 그리움이 없다면, 그것은 단순히 교실을 학습 공간이라는 기능적 역할로만 여겼기 때문은 아닐까?

지금 새롭게 구축되는 교실은 미래에는 역사가 되고 추억이 될 것이다. 꿈담교실과 미담학교도 좋지만, 학습의 효율성을 넘어 추억을 만들어가는 여백이 있는 교실이었으면 좋겠다. 군이 표현하자면 추담교실(추억을 담은 교실)이라고 할까!

추담교실! 교실은 추억이 만들어지는 공간이어야 한다. 정이 깃들 수 있는 공간이어야 한다. 행여나 지금의 학생들이 어른이 되어 자신이 다니던 학교를 지날 때는 무심하면서도, 어느 학원 옆을 지날 때 '저기가 내가 다니던 학원인데!'라고 내뱉을까 걱정이다. 먼 훗날 어른이 되어 오랜만에 만나는 동창들의 만남 장소가 시내의 어느 식당이 아닌, 추억을 담은 그 교실이었으면 좋겠다.

16 자유롭고 싶다!
(2020년 9월)

코로나19가 또다시 많은 학생의 등교를 멈추게 했다. 1학기 때 그만큼 고생하고 함께 노력했으니 2학기 때는 정상적인 학사 운영을 고대했는데, 코로나19는 매정하게도 우리에게 그것을 허락하지 않는다. 이쯤 되니 코로나19가 무섭다기보다는 정말 밉다는 생각이 든다. 그리고 벗어나고 싶다는 생각이 든다. '정말 너에게서 벗어나 자유롭게 살고 싶어!'

그렇다. 정말 자유롭게 살고 싶다. 선생님과 학생이 서로 얼굴을 마주 보며 수업을 하고 싶고, 가림막이 없는 식탁에서 친구들과 마주 보며 식사하고 싶다. 무엇보다도 마스크를 벗고 자유롭게 말하고 싶다. 코로나19로부터 자유로워지고 싶다. 문제는 자유다. 그런데 지금 우리가 원하는 자유는 어떤 종류의 자유일까? 뜬금없이 질문을 던져본다.

자유 하면 가장 많이 떠올리는 것이 벌린Isaiah Berlin이 제시한 자유의 두 개념, 즉 소극적 자유negative freedom와 적극적 자유positive freedom다. '소극적 자유'는 타인의 간섭 없이 행위를 할 수 있는 것을 말한다. '~로부터의 자유'라는 표현에서 보듯이 소극적 자유는 개인이 타인이 간섭 없이 자신의 의도나 행동을 자신의 마음대로 또는 의지대로 할 수 있는 자유를 말한다. 한마디로 '간섭의 부재'다. 반면 '적극적 자유'란 간섭의 부재를 넘어 자신의 의지와 이성에 따라 어떠한 행위를 적극적으로 할 수 있음을 말한다. '~로의 자유'라는 표현에서 보듯이 적극적 자유는 개인이 국가 운영에 참여하거나 국가에 인간다운 생활을 요구하는 것처럼 적극적이고 자율적으로 어떤 행위를 추구하는 것을 말한다.

소극적 자유와 적극적 자유를 넘어 생각해볼 수 있는 또 다른 자유의 개념이 있다. 현대 공화주의를 대표하는 페팃Philip Pettit은 두 가지 자유 개념 사이의 어딘가에 '비지배 자유non-domination freedom'라는 개념을 제시한다. 페팃은 비지배 자유를 설명하기 위해 1879년 코펜하겐 왕립극장에서 처음 무대에 오른 헨릭 입센Henrik Ibsen의 『인형의 집』이야기를 꺼낸다(필립 페팃,『왜 다시 자유인가』).

유럽에서 선풍적인 인기를 끈 『인형의 집』의 주인공은 젊고 성공한 은행가 '토르발트'와 그의 아내 '노라'다. 토르발트는 19세기의 관례에 따라 아내의 행동에 엄청난 권한을 행사할 수 있었다. 그러나 노라를 너무나 애지중지한 토르발트는 노라의 어떤 행동도 거부하지 않았다. 노라는 19세기 유럽 여성이라면 누구나 부러워할 만한 '자유'를 누렸고 많은 혜택을 받았다.

하지만 노라가 진정한 자유를 누렸다고 할 수 있을까. 토르발트의 방임적 태도는 정치철학자들이 흔히 말하듯 노라에 대한 '불간섭'을 의미한다. 하지만 자유는 단순히 불간섭이 아니다. 한 인간으로서 요구해야 하는 자유는 불간섭으로 누릴 수 있는 자유 이상이다. 자유로운 인간이 되기 위해서는 어떤 특정한 선택을 다른 사람의 허락 없이 스스로 내릴 수 있어야 한다.

이런 의미에서 자유는 간섭뿐 아니라 로마 공화정 시대에 '지배'라고 불린 타인에 대한 예속의 부재를 요구한다. 즉 '비지배 자유'를 요구하는 것이다. …… 우리가 진정으로 자유롭기 위해서는 간섭의 부재가 아니라 지배의 부재가 필요하다.

페팃이 말하는 비지배 자유는 타인의 자의적인 의지로부터의 자유를 말한다. 특정한 선택을 다른 사람의 허락 없이 스스로 내릴 수 있어야 한다는 것이다. '간섭의 부재'가 아닌 '지배의 부재'가 필요하다는 것이다. 간섭으로부터 자유롭더라도 타인의 자의적인 지배로부터 자유롭지 못하다면 진정 자유로운 것이 아니다. 어느 노예에게 너무도 선한 주인이 있어 노예가 어떤 행위를 해도 거의 간섭하지 않는다고 해서(간섭의 부재) 노예가 자유인은 아니다. 물론 그런 주인을 만난 노예는 그렇지 못한 다른 노예보다도 상대적으로 행복할 수 있다. 하지만 노예는 노예다. 지배 관계가 사라지지 않는 한 노예는 자유인이 아니라 노예일 뿐이다.

이런 지배와 자유의 관점에서 볼 때 우리에게 지금 코로나19는 어떤 존재일까? 포스트post 코로나 또는 위드with 코로나19를 외치면서 생존 전략을 찾고 있지만, 우리의 실존은 코로나19의 지배하에 있다고 말할 수 있지 않을까? 심하게 말해 코로나19의 노예가 되어 있지 않은가? 그렇다면 우리가 오늘 희구希求하는 자유란 바로 코로나19의 지배로부터 벗어나고 싶은 비지배 자유가 아닐까?

이 지배 관계에서 벗어나야 한다. 비지배 자유를 누려보자. 어떻게? 한숨 쉬고 가자. 한숨 돌리고 잠시 생각할 시간을 갖자는 말이다. 코로나19는 우리에게 잠시 쉬면서 자신을 되돌아볼 기회를 준 것은 아닐까? 경쟁과 효율만을 앞세워 쉼 없이 달려온 우리에게 잠시 멈추어서 지금까지 달려온 길, 그리고 현재의 상태를 살펴보라는 이야기가 아닐까?

그런데 많은 칼럼과 토론회의 주장을 보면 우리 자신을 되돌아보자고 하면서도 실제로는 자꾸 앞날과 성급한 생존 전략만을 이야기한다. 차분한 성찰보다는 교육 당국의 플랜B가 뭐냐고 급하게 몰아세운다. 착한 주인은 노예에게 쉬어가면서 천천히 일해도 괜찮다고 하는데, 노예 스스로 숨을 헐떡이면서 과중한 노동을 일삼고 있는 모습이다. 코로나19는 우리에게 잠시 숨 고르기의 기회를 주고 있는데, 우리 스스로 코로나19에 지배되어 과로하고 있는 모습이다. 코로나19는 하나의 현상일 뿐인데, 우리 스스로 예속되어 노예가 되려고 한다. 비지배 자유를 누리지 못하고 있는 형국이다.

지금 칼럼을 쓰고 있는 이 시간에도 모 교육단체 주관의 교육 관련 웨비나가 개최된다고 나에게 안내 문자가 왔다. 어김없이 주제 속에는 '뉴노멀', '미래 교육', '교육 혁신' 등의 단어가 등장한다. 올해 들어 9월 현재까지 내가 이런 주제로 접한 교육 관련 토론회만 여섯 번이다. 교육을 걱정하는 많은 사람이 코로나19 상황에서 우리 교육이 나아갈 바를 여러모로 탐색하는 것은 당연한 일이고 그 충정도 갸륵하다.

하지만 잠깐만 쉬어가자. 애플의 교육 담당 부사장인 존 카우치는, 현재의 교육을 대본이 있는 텔레비전 프로그램에 비유한다. 학생은 배우 역할을 하고, 교사는 작가(교육정책 입안자)가 만들고 프로듀서(정치가와 행정가)가 승인한 아주 엄격히 정해진 대본(교과서)대로 배우들을 이끄는 감독이라는 것이다 (존 카우치, 제이슨 타운, 『교실이 없는 시대가 온다』). 우리는 지금 코로나 시대에 흥행할 수 있는 새로운 교육의 대본을 성급하게 요구하고 있다. 쉴 틈을 주지 않는다. 하지만 현재 우리 교육에 필요한 건 대본이 아니라 리얼리티다. 아무리 대본을 세심하게 만들어도 코로나19가 지배하고 있는 교육 현장은 어떤 일이 일어날지 모르는 하루하루가 리얼리티다.

하나의 TV 드라마가 끝내고 다음 드라마를 계획하지 말아야 한다는 뜻이 아니다. 드라마는 계속되어야 한다. 하지만 잠시 생각할 시간을 가지면서 다음 드라마의 대본을 작성하자는 것이다. 성급한 다음 교육 드라마의 대본 작성에 모든 힘을 소진하지 말고, 교육 현장의 리얼리티를 대비해 힘을 비축하자. 그래야만 코로나19의 지배로부터 벗어날 수 있다. 코로나로부터의 비지배 자유를 확보해야 한다.

17

그 많던 공감은
어디로 갔을까?
(2021년 1월)

2020년 12월 31일. 방학식을 마치고 인적 없는 썰렁한 운동장을 한 바퀴 돌다가 문득 TV의 한 예능 프로그램이 생각났다. 선녀보살과 아기동자 캐릭터의 두 연예인이 다양한 방문객의 고민을 들어주고 상담해주는 프로그램이다. 언젠가 공부로 전국 상위 1퍼센트에 속하는 고등학생 두 명이 등장한 적이 있었다. 이 둘은 친구였는데, 한 친구는 다른 친구가 슬픔과 연민, 미안함의 감정을 전혀 느끼지 못한다고 걱정했다. 운동장에서 게임을 하다가 어떤 학생의 코뼈를 부러뜨렸는데, 그것은 우연한 사고이고 자신은 경기의 규칙을 어기지 않았기 때문에 미안한 감정이 들지 않는다고 했다. 규칙을 어기지 않았으니 문제가 없다는 것이다. 한마디로 공감 능력의 부족이다.

이런 에피소드를 보면서 질문을 던져봤다. 과연 우리는 얼마나 공감적일까? 우리에게 공감 능력이라는 것이 실제로 있을까? 이런 질문에 애덤 스미스Adam Smith의 명저『도덕감정론』이 떠올랐다. 애덤 스미스는 첫 대목에서 이렇게 말한다.

> 인간이 아무리 이기적이라고 상정하더라도 인간의 본성에는 분명 이와 상반되는 몇 가지 원리들이 존재한다. 이 원리들로 인해 인간은 타인의 운명에 관심을 가지게 되며, 단지 그것을 지켜보는 즐거움밖에는 아무것도 얻을 수 없다고 하더라도 타인의 행복을 필요로 한다.

애덤 스미스는 인간이라면 누구나 가지고 있는 보편적 원리를 공감sympathy이라고 보았다. 공감은 아무리 이기심이 가득한 인간이라도 다른 사람의 운명과 행복에 관심을 두는 것을 말한다. 그가 보기에 인간이 가지는 공감은 본능적이며 모든 이익에 관한 판단보다도 선행한다. 공감은 사회적인 본능으로 작용하는 보편적인 도덕감정이다.

스미스의 묘비에는 그의 뜻에 따라 "『도덕감정론』과『국부론』의 저자인 애덤 스미스 여기에 잠들다"고 적혀 있다. 평소에『도덕감정론』의 저자로 알려지기를 원했넌 애덤 스미스. 인간을 자기 이익self-interest 추구의 존재 이전에, 공감이라는 보편적인 도덕감정을 지닌 존재로 여기는 그의 방점이 오늘을 사는 우리에게 큰 울림으로 다가온다.

공감이 모든 인간에게 본능적으로 부여되어 있다면, 왜 우리 주위에서 잘 보이지 않는 것일까? 『그 많던 싱아는 누가 다 먹었을까』(박완서)의 제목처럼 '그 많던 공감은 어디로 갔을까'를 묻지 않을 수 없다.

근래 우리 사회에서 가장 큰 관심은 사회·경제적 불평등 심화에 따른 사회 정의의 문제이고, 그것은 교육 문제에도 그대로 전이되어 나타나고 있다. 2018년 학종의 공정성 시비 논쟁으로 대입공론화위원회가 운영되었고, 2019년 조국 사태는 가진 자와 못 가진 자의 차이에서 오는 불공정성에 대한 최고의 갈등을 표출시켰다.

그리고 2020년은 코로나 사태로 그러한 갈등들이 표면적으로 크게 노출되지는 않았지만, 원격 교육으로 인한 학습 격차가 발생하여 불평등과 정의의 문제가 현재진행형임을 보여주고 있다. 2020년 연간 서울대생들이 교내 도서관에서 대출한 책 1위가 샌델Michael J. Sandel의 『정의란 무엇인가』라는 것이 어쩌면 당연하면서도 서글픈 현실이다.

우리는 사회 정의, 교육 정의의 문제를 해결하기 다양한 노력을 기울이고 있다. 조희연 서울시 교육감이 말하는 '정의로운 차등'(『태어난 집은 달라도 배우는 교육은 같아야 한다』)의 의미가 그렇고, 출발선의 불평등을 보정하기 위한 '적극적 우대조치affirmative action'도 그런 노력의 일환이다.

그러나 교육 정의의 문제는 제도와 정책의 문제로만 해결될 수 없다. 오히려 자칫 교육 정의를 위해 도입한 다양한 정책이 사회적 약자를 더 어렵게 만드는 경우도 많다. 편을 나눠서 전쟁하던 것이 복잡성이 증가함에 따라 각자의 전쟁으로 변해버렸고, 그럴수록 개별로서의 약자들은 더욱 힘들어지기 때문이다. 기울어진 운동장은 그대로 놔둔 채 운동장에 여러 가지 선(정책)을 추가로 긋는다고 해서 쉽게 해결될 문제가 아니다.

이 지점에서 공감이 필요하다. 물론 기울어진 운동장을 바로 세우기 위한 사회구조적 개혁이 우선이다. 하지만 거기에 공감이 없다면 그 개혁은 성공하기 어렵다. 운동장이 얼마나 기울어졌는지, 그리고 그것을 어떻게 바로잡을 것인지에 대한 공감대 형성이 필요하다. 공감대 형성을 위해 지금 우리에게 필요한 공감의 의미와 성격이 무엇인지는 다양한 논지論旨로 전개될 수 있다. 단, 이것만은 받아들이자. 애덤 스미스의 주장대로 공감 능력을 모든 사람이 본능적으로 가지고 있다는 것을. 그런데 지금 어디에 있는지 잘 보이지 않는다는 것을.

디지털 소통의 시대, 사람들의 교류는 폭발적으로 늘어났지만 공감은 오히려 줄어들고 있다. 각종 SNS와 디지털 화면으로 우리는 언제 어디서나 원하는 사람과 만나고 대화할 수 있게 되었다. 하지만 대화가 초고속으로 이루어지다보니 상대방이 어떻게 받아들일지 생각할 겨를도 없이 답장 보내기 바쁘다. 단순화,

속도화, 익명화 속에서 공감보다는 혐오가 넘쳐난다. 편리한 정보의 고속도로가 공감을 확대시키는 것이 아니라 우리의 공감 능력을 갉아먹고 있는 것이다. 공감이 더 그리워지는 시대다.

『그 많던 싱아는 누가 다 먹었을까』에서 저자의 어린 시절에 싱아는 흔한 풀이었고 산기슭이나 길가 아무 데나 있었다. 하지만 이제 찾아 헤매어도 발견하기 어려운 존재가 되었다. 과연 그 많던 싱아는 누가 다 먹었을까? 싱아처럼 그 많은 공감은 어디로 갔을까? 어렵게 살던 옛날이 더 좋았다는 어른들의 말씀을 종종 듣는다. 서로 공감하며 살았기 때문이리라.

교육에서 공감 복원의 모습이 있었으면 좋겠다. 운동장에서 게임을 하다가 친구를 다치게 한 고등학생이 친구에게 고의는 아니었지만 그래도 미안함을 느낄 수 있었으면 좋겠다.

18

회복탄력성
리바이벌
(2021년 3월)

회복탄력성resilience. 많이 들어본 단어다.
『위키백과』에서는 그 사전적 의미를 다음과 같이 말하고 있다.

회복탄력성은 영어 resilience의 번역어다. 심리학, 정신의학, 간
호학, 교육학, 유아교육, 사회학, 커뮤니케이션학, 경제학 등 다양
한 분야에서 연구되는 개념이며, 극복력, 탄성, 탄력성, 회복력 등
으로 번역되기도 한다.

이 회복탄력성이라는 용어가 우리 사회에 큰 반향을 불러일
으킨 것은 지금으로부터 정확히 10년 전이다. 2011년 3월 『회
복탄력성』(김주환)이라는 책이 우리 앞에 등장했다. 책은 선풍
적인 인기를 끌었고 같은 해 12월에는 20쇄까지 찍었다. 도대
체 회복탄력성이 무엇이기에 당시 우리 사회는 그 책에 빠져
들었을까?

저자가 말하는 회복탄력성의 의미는 이렇다.

• 회복탄력성은 자신에게 닥치는 온갖 역경과 어려움을 오히려 도약의 발판으로 삼는 힘이다.
• 회복탄력성은 마음의 근력과 같다. 몸이 힘을 발휘하려면 강한 근육이 필요한 것처럼, 마음이 강한 힘을 발휘하기 위해서는 튼튼한 마음의 근육이 필요하다.
• 회복탄력성은 변화하는 환경에 적응하고 그 환경을 스스로에게 유리한 방향으로 이용하는 인간의 총체적 능력이라 할 수 있다.

이런 의미의 '회복탄력성'이라는 용어가 우리 앞에 전면적으로 등장한 뒤 정확히 10년이 지난 2021년 3월의 오늘, 회복탄력성을 다시 호출해본다. 지금 우리에게는 회복탄력성 리바이벌이 필요하다. 회복탄력성이 원래 개인에게 적용되는 용어지만, 지금은 이것을 확대한 집단적 회복탄력성이 필요하다.

학교는 비정상이 길어짐에 따라 너무 지쳐 있다. 전교생이 아닌 학생의 일부만 등교하는 학교, 칸막이로 서로 막힌 채 '대화 금지'라는 문구를 보며 혼밥 해야 하는 식사 장면은 누가 봐도 정상이 아니다. 회복탄력성의 힘을 빌려 다시 원상태로 돌아가야 한다. 지난해 3월이 혼돈의 시작이었다면, 올해 3월은 회복의 시작이어야 한다. 그런데 회복탄력성 리바이벌을 위한 각오 앞에서 꼭 짚고 넘어가야 할 두 가지가 있다.

먼저, 회복하고픈 교육의 모습이 무엇인지를 분명히 해야 한다는 것이다. 회복탄력성이 원상회복의 힘을 의미한다면, 단어 그대로 '원래의 모습原狀'대로 되돌아가는 것을 말한다. 물론 이 원상으로의 복귀가 이전 원상과 완전히 같을 수는 없지만, 지금의 상태가 원래 상태와는 너무 다르기에 원상에 가깝도록 회복해야 한다는 의미다. 더 나아가 단순한 원상으로의 복귀가 아니라 새로운 발전적인 원상의 구축으로 나갈 수도 있다. 어떤 경우든 우리가 회복해야 할 또는 구축해야 할 원래의 모습(원상)이 있다는 것을 전제로 한다.

그런데 원상회복의 방법을 말하기 전에 이것부터 묻고 싶다. 과연 우리에게 회복 또는 구축해야 할 교육적 원상은 있는가? 그리고 있다면 그 모습은 어떤 것일까? 압축된 용수철은 압축하고 있는 힘을 제거하면 원상으로 돌아간다. 돌아가고자 하는 원상의 모습도 분명하다. 그런데 회복탄력성을 통해 우리가 돌아가고자 하는 교육적 원상의 모습은 보이지 않는다. 학생들의 일부가 아닌 전부가 등교하면 원상회복인가? 온라인 수업이 아닌 대면 수업이 이루어지면 원상회복인가? 마스크 없이 자유롭게 대화하며 식사하면 원상회복인가?

현재 우리가 갖고 있는 것은 교육대(사범대) 시절 배웠던 교육적 원상에 대한 희미한 기억, 바람직한 교육적 원상에 대한 막연한 기대일 뿐이다. 이렇게 된 원인은 그동안 바람직하다고 생각하는 교육적 원상을 현실에서 거의 경험하지도 못했고 찾으려 하지도 않았기 때문이다.

나는 2000년대 이후로 우리 교육에서 '그래, 바로 이게 우리가 추구하는 교육이다'라고 만족했던 기억이 떠오르지 않는다. '이게 아닌데……'라며 교육 현실을 벗어나야 한다는 구호들만이 떠오른다. 원래 그리고 새롭게 추구해야 할 교육의 의미, 학교의 의미가 무엇인가를 고민해야 한다는 목소리는 현실을 모르는 서생의 문제 제기로밖에 들리지 않았다.

이 기회에 우리가 추구하는 교육적 원상이 무엇인지를 찾아보자. 너무 찾지 않아 원상회복 자체가 불가능하다면 새로운 원상을 만들어보자. 우리가 가야 할 목적지를 모른 채 무조건 걷기만 하면 더욱 지칠 뿐이다. 우리가 추구하는 교육적 원상에 대한 합의 없이 회복탄력성을 말하는 것은 앞뒤가 맞지 않는다. 우리가 회복하고자 하는 것이 각자도생과 생존투쟁의 교육은 아니지 않는가? 이런 측면에서 교육 당국에서 발표하는 신학년도 각종 계획 속에 바람직한 교육적 원상에 대한 그림은 보이지 않고 미래 사회에 살아남기 위한 생존 전략만 보이는 것이 아쉬울 따름이다.

회복탄력성 리바이벌의 또 다른 과제는, 교사와 학교의 자생력을 키우는 방향으로 교육 당국의 정책이 이루어져야 한다는 것이다. 건강한 육체를 위해서는 건강한 근력이 필요하듯, 건강한 마음을 위해서는 건강한 마음의 근육이 필요하다. 바로 이러한 마음의 근력이 회복탄력성이다. 그리고 육체적 근력을 키우기 위해 꾸준한 운동이 필요하듯, 회복탄력성이라는 마음의 근력을 키우기 위해서도 꾸준한 노력이 필요하다.

육체의 근력을 키우기 위해 헬스장에 가면 거기에는 운동을 도와주는 지원자로서의 트레이너도 있다. 이것을 교육에 비유해보면, 교육 당국은 학교 현장의 교사들이 교육적 마음의 근력을 키워주도록 도와주는 헬스 트레이너라고 할 수 있다. 그러기 위해서는 교사들에게 마음의 근육을 키우기 위한 충분한 공간과 시간이 주어져야 하며, 교육 당국은 헬스 트레이너의 역할을 잘해야 한다.

헬스장의 트레이너는 겉으로 보면 운동하는 사람을 괴롭히는 사람처럼 보인다. 트레이너의 감독에 따라 운동하는 사람은 얼굴을 찡그리며 신음소리를 내기도 한다. 하지만 운동하는 사람은 트레이너에게 불만이 없다. 그런 어려운 과정을 스스로 선택한 것이고, 트레이너가 자신을 괴롭히려는 것이 아니라 도와주려는 것을 알기 때문이다.

그런데 교육 당국의 각종 교육정책을 보면, 이런 헬스 트레이너의 역할이 잘 보이지 않는다. 근력을 키우려고 온 사람에게 꾸준한 근력 운동을 제안하거나 도와주는 것이 아니라, 빨리 효과를 볼 수 있는 근육 강화제나 근육 강화 주사를 권유하는 모습이다. 조금 고통스럽더라도 정상적인 방법으로 제대로 된 근육을 만들어가자고 설득하는 것이 아니라, 더 빨리 그리고 남의 눈에 확실한 근육이 보이도록 해주는 새로 개발한 근육 강화제를 계속 소개하는 형국이다. 이러한 상황이다 보니 교사와 학교는 자생력을 키우기보다는 계속 당국의 지원을 요구하게 되고 의존적일 수밖에 없게 된다.

교육적 원상회복은 이러한 지원이 아니라 교사와 학교의 자생력, 교육적 근력을 키워주는 방법으로 진행되어야 한다. 물론 교육적 원상회복을 위한 다양한 행정적·재정적 지원이 필요한 경우도 많다. 하지만 그것은 학교 현장의 근력을 키우기 위한 기본적이고 물리적인 조건일 뿐, 수많은 지원이 제공된다고 해서 자동으로 근력이 키워지지 않는다. 오히려 과도한 근육 강화 주사로 인해 부작용을 가져오는 사례를 우리는 많이 보고 있지 않은가? 이런 측면에서 바람직한 교육을 향한 설득과 동행보다는, 새로 개발된 근육 강화제를 지속적으로 소개하는 교육 당국의 보도자료가 또한 안타깝기만 하다.

따뜻한 3월이다. 교육의 회복탄력성을 키우기에 딱 좋은 날이다. 과거로의 회복이 아니라 미래로의 회생을 위한 눈부신 햇빛이다.

19

온라인 개학의
추억
(2021년 4월)

다음은 인터넷 백과사전에서 나타나는 어떤 용어에 대한 설명이다. 어떤 검색어일까?

인터넷을 통한 원격 수업으로 학사 일정을 시작하는 일. 2020년 전 세계와 한국에서 확산된 코로나바이러스감염증-19 사태의 영향으로 2020년 1학기에 시행되었다. 집단 방역을 위해 전 사회적으로 강도 높게 실시된 '사회적 거리 두기'를 유지하기 위한 수업 방식으로, 2020년 4월 9일 고등학교와 중학교의 3학년, 4월 16일 고등학교와 중학교의 1~2학년과 초등학교 4~6학년, 4월 20일부터 초등학교 1~3학년을 대상으로 시행되었다.

그렇다. 온라인 개학이다. 교육학 책에도 없고, 교육 당국도 처음 사용해본 용어다. 그렇기에 온라인 개학을 발표하는 교육부의 보도자료(2020.3.31.) 제목도 「처음으로 초·중·고·특 신학기 온라인 개학 실시」다. 2020년 4월 9일, 온라인으로 전국의 중·고등학교에서 개학식을 했고, 경기도의 한 고등학교에서 교육부 장관은 온라인 개학식 축사를 했다. 정말 엊그제같이 생생한데 벌써 일 년이 지났다. 추억이라 하기에는 너무도 선명하게 기억 속에 묻어난다. 2020년 4월 9일은 한국 교육사 달력에 '온라인 개학일'로 기록될 것이다.

그렇다면 이 시점에서 한 번쯤 온라인 개학 이후의 일 년을 반성적으로 되돌아보아야 하지 않을까? 반성적 검토를 통해 2020년의 4월과 2021년의 4월은 다른 모습으로 시작해야 하지 않을까? 그 반성을 토대로 새로운 출발을 위한 방향성을 다음의 세 가지로 제시해본다.

첫째, 교육 대책이 아닌 교육정책이 필요하다.

코로나19는 교육 당국을 바쁘게 만들었다. 교육부의 코로나 대책 보도자료가 하루가 멀다 하고 교육부 홈페이지에 등장했고, 교육부와 교육청의 공문과 지침이 4월의 꽃비 내리듯 일선 학교로 쏟아져 내렸다. 교육 당국은 비상시국에 당연히 해야 할 일을 한 것이고, 학교도 어쩔 수 없이 받아들여야만 하는 상황이었다. 교육 당국이 무언가를 하려고 했던 것만은 인정하지 않을 수 없다.

그러나 근본적인 아쉬움이 남는다. 코로나19 사태에 대한 장기적이고 종합적인 플랜이 없었다는 것이다. 사태의 추세를 보며 그때마다 필요한 교육 대책들을 제시했을 뿐, 교육정책은 거의 보이지 않았다. 교육정책은 현재와 미래에 대한 차분한 분석을 토대로 목표, 방법, 성과 등에 대한 체계적인 그림이 그려져야 한다. 그러나 교육 당국은 그리려고 하는 전체 그림이 무엇인지를 보여주지 않은 채, 부족한 부분만을 채우는 퍼즐 채우기식의 긴급 처방만을 내놓았다.

예를 들어 언제 개학할 것인가의 문제를 놓고 온 국민은 서로 다른 입장에서 논쟁했다. 교육부는 이때 감염병에 대한 종합적인 미래 예측, 그리고 이를 반영한 등교 개학에 대한 원칙, 그리고 등교 개학이 늦어지는 경우를 대비한 장기적인 원격 교육 대책 등을 미리 마련했어야 했다. 개학을 언제 할 것인지가 중요한 것이 아니라, 언제 개학하더라도 정상적인 학사 운영이 가능한 종합적인 방향과 지침을 마련했어야 한다. 이것이 교육정책이다. 그런데 감염병의 추이만 보고 있었다. 학교 현장은 긴 호흡의 방향성을 알지 못해 혼란스러웠다.

그런데 이런 혼란스러움은 지금도 계속되고 있다. 교육 대책을 넘어 교육정책이 필요하다고 많은 사람이 지적하지만, 교육부의 자세는 크게 변하지 않고 있다. 학교 현장에서 볼 때, 2021년 3월 새 학기에 교육부가 보여준 업무는 크게 두 가지만 떠오른다. 정부의 방역 지침에 따라 각급 학교의 등교 인원을 포함한 원격 수업 지침의 기계적 하달, 그리고 3월 한 달째 오류가 나타나고 있는 EBS 온라인클래스다. 모두 정책이 아닌 대책이요 조치일 뿐이다. 대책이 사후약방문격이라면 정책은 사전건강다지기와 같은 것이다. 이제 일 년간 이토록 아팠으니, 약 처방전이 아닌 건강 다지기 계획서 같은 코로나19 맞춤형 교육정책이 나와야 하지 않는가?

둘째, 위험의 일상화를 전제로 한 교육 설계가 필요하다.

큰 사고나 위험이 발생할 때마다 자주 소환되는 석학이 독일의 사회학자인 벡 Ulrich Beck 이다. 그는 현대 사회를 산업화와 근대화로 물질적 풍요를 가져왔으나 다양한 위험과 재앙이 따르는 위험사회라고 규정한다. 따라서 산업사회에서는 빈곤을 해결하는 것이 가장 큰 문제였지만, 현대는 온갖 위험에 대처하는 것이 무엇보다 중요한 과제라고 지적한다(울리히 벡, 『위험사회』).

그런데 현대의 위험은 일시적인 현상이 아니라, 산업사회가 위험사회로 탈바꿈하여 스스로 위험을 지속적으로 만들어내는 생산된 위험 manufactured risks 이다. 즉 일시적 사고 事故 가 아니라 일상적으로 발생하는 정상 사고 normal accidents 인 것이다. 그리고 "빈곤은 위계적이지만 스모그는 민주적이다"라는 유명한 벡의 표현처럼, 현대의 위험은 계급·인종·국적·빈부 등의 차별 없이 모든 사람에게 평등하게 들이닥친다. 한마디로 현대의 위험은 일상적이고 보편적이다. 코로나19도 그런 위험에 해당한다.

현대 사회의 위험을 벡의 관점에서 본다면, 코로나19 사태에 대처하는 교육도 새로운 설계가 필요하다. 즉 일시적으로 극복해야 하는 임시 방안으로서의 교육이 아니라 위험의 일상화를 전제로 한 교육의 재설계가 필요하다. 그런데 교육 당국에서 발표하는 대부분의 분야별 계획서는, 여전히 위험의 도래 가능성은 고려하지 않은 채 극히 정상적인 상황만을 전제로 하고 있다. 아무런 사고 없이 지속적으로 성장하는 사회, 팽창하는 사회를 전제로 교육정책의 내용과 방법·물량 등을 제시하고 있다. 위험이 비정상적인 것이 아니라 언제든지 발생할 수 있는 정상적인 패턴임을 고려한 교육 설계가 필요하다. 이런 측면에서 서울시교육청의 「2021년 원격 교육 지원 기본계획」의 '대안을 넘어 새로운 정상으로'라는 캐치프레이즈의 표현이 적절한 울림으로 다가온다.

하나 더 언급하면, 위험사회를 고려한 교육의 재설계는 당연히 학교교육의 목표가 무엇인지부터 출발해야 한다. 일반적으로 학교교육의 목표를 말할 때는 '○○인재 양성'의 형식을 취한다. 그런데 근래 가장 많이 접하는 인재상의 문법은 '4차 산업혁명에 부합하는 인재'다. 개인과 국가의 발전을 위한 불가피한 방향임을 인정하지만, 어떤 사회를 전제로 인재를 기르자는 말은 큰 위험성을 안고 있다. 그것은 미래 사회의 흐름을 특정한 모습으로 상형화하고 거기에 부합하는 인간상만을 요구하기 때문이다.

위험사회에서는 특정한 모습으로 도래할 사회를 위한 인재가 아니라 어떤 사회가 오더라도 비판적으로 사회를 바라볼 수 있는 인재를 길러내야 한다. 위험이 일상화된 사회 현실을 비판적으로 바라보는 인재를 길러내지 못한다면 그들이 살아가는 사회의 위험은 더욱 심화될 것이다. 자신의 생존력만을 키우려는 도구적 이성의 존재가 아니라 위험사회의 현실을 직시하고 관리할 수 있는 창조적 이성의 존재를 길러야 한다.

셋째, 지원이 아닌 정책으로서의 교육적 쉼이 필요하다.

벡에 따르면 산업사회에서 사람들을 하나로 만드는 힘은 '나는 배고프다'라는 사실에서 나온다. 가난과 빈곤을 이겨내는 것이 무엇보다도 중요했다는 것이다. 그런데 위험사회에서 사람들을 하나로 만드는 힘은 '나는 불안하다'라는 현실에서 생긴다. 오염된 공기와 기후 변화, 전 세계로 퍼진 바이러스 앞에 모두는 같다. 이로 인해 전 세계의 모든 사람이 하나로 뭉칠 수 있는 것이다.

그렇다. 지금 우리는 배고픈 것이 아니라 불안하다. 교육 당국도 불안하겠지만, 학교 현장의 모든 교직원과 학생은 하루하루 불안이라는 폭탄을 안고 살아간다. 교장으로서 나는 교감, 행정실장, 보건교사와 함께 4명의 단톡방을 운영하고 있다. 수시로 학생과 교직원의 감염 상황에 대한 정보를 신속하게 나누고 의사결정을 하기 위해서다. 여기에 올라오는 시시각각의 이야기들은 늘 나를 불안하게 만든다.

"인근 학교에 확진자가 나왔다는데⋯⋯."
"우리 학교 ○○○학생이 확진자와 밀접접촉했다고 하는데⋯⋯."

방역 대책에 따른 매뉴얼이 있긴 하지만, 발생 상황의 양상이 너무도 다양해서 시시각각으로 확인하고 판단해야 하기에 머리가 아프다. 그리고 마음은 늘 불안하다.

이와 같은 지금의 학교 현장에는 쉼이 필요하다. 모든 교직원도, 학생도 지쳤다. 그런데 교육 당국에서 나오는 문건과 지침 중에는 아직도 공격 앞으로를 외치는 것이 많다. 물량적으로 공문의 숫자가 줄어들고, 유사 사업을 통합 운영하고, 예산 활용에서 단위 학교의 자율성을 부여하는 등 학교의 처지를 배려하려는 교육 당국의 노력은 사실이다. 하지만 또 다른 고지 점령을 위한 새로운 공격 명령이 그 비워진 자리를 채운다. 예를 들면 '미래', '4차 산업혁명' 등과 같은 깃발이 꽂힌 고지들에 대한 점령 명령이다. 이로 인해 학교는 쉴 틈이 없다.

학교 구성원의 쉼을 위한 교육 지원이 필요하다. 이때 단순한 일의 멈춤으로 쉼을 주었다고 생각하면 안 된다. 공문 숫자의 감축으로 교직원들의 여유가 생겼다고 보아서는 안 된다. 제대로 쉬기 위한 지원 방안이 마련되어야 한다. 교직원의 불안감 해소를 위한 정서적 지원이 될 수도 있고, 번 아웃 해소를 위한 물적·인적 지원일 수도 있다. 중요한 것은, 위험의 일상화를 전제로 한 교육 설계가 필요하듯 위험의 일상화를 고려한 교육적 쉼의 정책이 필요하다는 것이다. 지원이 아닌 정책으로서의 교육적 쉼이 요구된다. 위험사회에서 교육적 쉼은 간헐적으로 제공되는 지원이 아니라 일상화된 위험과 연계되어 체계적·지속적으로 시행되는 정책이어야 한다.

우리는 현재, 코로나19의 발병·확산의 과정을 보면 벡이 언급한 위험사회를 살고 있고, 검사·격리·치료의 과정을 보면 푸코Michel Foucault의 감시사회를 살고 있다. 안타깝지만 이런 상황을 조만간 벗어나기는 어려울 것 같고, 이런 사회가 오히려 정상적인 모습으로 계속될 수도 있다.

이렇게 흘러온 온라인 개학의 추억이 우리에게 던지는 숙제는 무엇일까? 다음과 같을 것이다. 지금 우리 교육에서는 효율성보다는 방향성이, 탁월성보다는 연대성이 중요하다. 그리고 교육적 쉼이 필요하다.

20

교육에 대한 예의
(2021년 12월)

> ○○중 그린스마트 미래학교 시범사업 보류 결정
> ─ 국회의원 ○○○

　내가 사는 동네의 큰길가에 걸려 있는 현수막이다. 출근길에 이 문구를 보면서 울컥했던 마음이 지금도 사그라들지 않는다. 그리고 현수막에 등장하는 ○○중의 교문 앞에 늘어서 있던 근조 화환과 근조 리본들, 그리고 거기에 적혀 있던 섬뜩한 문구들.

　각종 교육정책에 대한 찬반양론이 있을 수 있고, 거기에 대한 자유로운 의견 표출도 물론 보장되어야 한다. 하지만 교육자의 입장에서 볼 때 학교 교문 앞에 근조 화환을 세워놓는 것은 아무리 양보하더라도 도가 지나치다고 생각한다. 학교는 아이들의 삶이 영위되는 곳이고 꿈을 키워가는 곳이다. 그곳 정문에 죽음을 상징하는 근조 화환을 세워놓다니! 그리고 그 사업의 보류를 자신의 치적처럼 당당하게 큰길가에 홍보하는 국회의원이 있다니!

이 황당함을 어떤 말로 표현할 수 있을까 생각하다가 문득 한 작가의 소설 제목이 떠올랐다. 『인간에 대한 예의』(공지영). 이 소설에서 작가는 이십 대에 무기징역을 선고받고 옥살이를 하다가 오십이 다 되어 출소한 한 장기수(사상범)의 이야기를 다루고 있다. 출옥한 후에도 오랜 감옥생활로 현실에 잘 적응하지 못하는 그의 삶을 어떻게 표현할 수 있을까를 고민하던 작가는 다음과 같은 문구로 결론을 내린다.

여기, 시대와 역사와 인간에 대한 예의를 지켰던 한 사람이 있다.

'인간에 대한 예의'라는 작가의 언어를 지금의 우리 교육 현실에 빌려다 쓰고 싶다. 교문 앞의 근조 화환, 근조 리본, 그리고 치적을 자랑하는 홍보 현수막. 이건, 교육에 대한 예의가 아니다.

그렇다. 교육에 대한 예의 있는 행동이 아니다. 그럼 교육에 대한 예의란 무엇인가? 우리가 어떤 대상에게 예의를 갖춘다는 것은 그 대상이 다음과 같은 조건을 갖추고 있을 때다.

첫째, 그 대상이 예의를 받을 만한 존재론적 가치를 지녀야 한다. 우리가 어른에 대한 예의를 말할 때 오랜 삶을 살아온 경험과 지혜를 인정하기에 어른이라는 존재 자체가 예의의 대상이 될 수 있다. 각각의 어른이 어떤 상황에 있든지 우리는 일반적으로 어른에 대한 예의를 갖추어야 한다고 말한다.

둘째, 그 대상이 우리가 기대하는 역할을 제대로 수행하고 있느냐는 역할론적 정당성을 가져야 한다. 첫 번째의 존재론적 가치를 인정받는다 하더라도 그 역할을 다하지 못하면 예의의 대상에서 제외될 수도 있다. 어른이지만 기대되는 어른의 역할을 하지 못할 때 예의를 보낼 수 없는 경우를 종종 보기도 한다.

셋째, 존재론적 가치와 역할론적 정당성을 인정받아도 예의의 대상이 되지 못할 수 있다. 우리 사회의 안타까운 자화상으로, 그 대상이 현실적인 힘을 갖고 있지 못할 때다. 힘이 있어야 한다는 것이다. 자식에게 미리 재산을 물려주지 말고 죽을 때까지 가지고 있어야 대접을 받을 수 있다는 인식이 이런 것이다.

이것을 교육(공교육 또는 학교교육)이라는 대상에 적용해보자.

우선, 존재론적으로 교육은 예의의 대상이라는 데 큰 이견이 없다. 개인적으로나 국가·사회적으로나 교육은 꼭 필요한 것이고 가치 있는 활동이며, 따라서 교육을 위해 엄청난 국가 예산을 투입한다. 교육은 현대 국가가 책임져야 할 필수적인 영역이고 마땅히 존중받아야 할 예의의 대상이다.

문제는, 이런 필요성을 인정받으며 많은 예산을 투입하는 교육이 기대하는 역할을 제대로 수행하고 있느냐는 것이다. 이에 대한 대답은 허무하게도 간단하다. 그 평가를 하나의 결론으로 수합하기 어렵다는 것이다. 전 국민이 교육과 연관된 이해당사자요 평론가인 현실에서 우리 교육의 역할 수행에 대한 평가는 백가쟁명百家爭鳴일 수밖에 없다.

어떻게 보면 이런 쟁명爭鳴의 성찬盛饌은 우리 교육의 권위가 땅에 떨어졌다는 반증이기도 하다. 힘이 없다는 뜻이다. 수많은 사람이 교육을 말하지만, 교육 자체에 대한 존중보다는 각자의 이해관계에 따라 교육을 재단하고 있기 때문이다. 정치인이 언급하는 교육은 편싸움의 들러리로 소집된 교육일 뿐이며, 학교 운영에 대한 일부 학부모의 도를 넘은 간섭은 학교를 지치게 만든다. 그리고 이젠 교육에 대한 의견 표현이라는 명목으로 근조 화환을 보내 학교를 상가喪家처럼 만들어버렸다.

물론 '그린스마트 미래 학교' 사업에 아쉬움이 없는 것은 아니다. 사업의 취지에 공감하면서도, 필자가 특별히 아쉬워하는 부분은 사업의 출발 지점에서 교육의 냄새가 부족하다는 것이다. 5년간 18조가 넘는 막대한 예산의 투입, 체계적으로 수립된 추진방안과 추진 일정을 인정하면서도 뭔가 허전함이

밀려온다. 교육 사업임에도 불구하고 교육보다는 정치적인 향기가 느껴지며 교육적 담론이 보이지 않기 때문이다. 사업의 필요성과 정당성을 주장하는 입장이나 이에 문제를 제기하는 입장 모두에게서 교육학은 보이지 않는다.

교육학보다는, 기본적으로 노후 건물 개축이라는 측면에서 건축학이 떠오르고, 저탄소 제로 에너지를 지향하는 친환경 그린 학교 구현이라는 문구에서는 생태학이 떠오른다. 미래형 교수-학습이 가능한 ICT 기반 스마트 교실 구축에서는 기술공학이 떠오르고, 지역사회를 연결하는 생활 SOC 학교시설 복합화에서는 사회학이 떠오른다. 공사 중의 안전 확보 요구에서는 안전학이 떠오르고, 사업 진행상의 학부모와 소통 부족 논쟁에서는 정치학이 떠오른다. 이런 것들을 백화점식으로 잘 진열해놓으면 종합적인 교육학이라고 할 수 있을까?

더 본질적인 문제는 미래 학교의 구상, 나아가 미래에 요구되는 새로운 교육 개념에 대한 합의가 충분치 않다는 점이다. 여기저기에서 4차 산업혁명과 인공지능의 시대에 기존의 낡은 교육 개념과 시스템으로는 안 된다고 말한다. 그렇다면 엄청난 물량이 투입되는 그린스마트 미래 학교 사업이 새로운 교육 개념을 탐색하는 계기가 되었으면 어떨까? 그런 고민으로부터 출발했다면, '그린'과 '스마트'라는 매력적 단어만 연결한 상업적 개념(?)이 아닐 수도 있었을 텐데. 한 노교수가『교육학의 재건』(장상호)을 통해 '교육의 본위^{本位}, frame of priority', '교육의 내재율^{內在律}', '교육의 품위^{品位}'를 찾아 나선 이유를 우리는 알아야 한다.

근조 화환까지 등장할 정도로 지금 우리 교육은 뭇매를 맞고 있다. 그런데 그 매가 팽이 돌리기의 팽이채라면 괜찮다. 팽이채로 팽이를 치는 것은 팽이를 더 강하게 돌리기 위해서다. 그런데 지금 이루어지는 대부분의 팽이치기는 돌아가고 있는 팽이를 발로 차서 넘어뜨리는 것에 가깝다. 똑바로 돌지 못하고 흔들거리는 팽이, 내가 대학을 다니던 1980년대에 좋아하던 노래 한 곡이 생각난다. 하성관이라는 가수가 부른 〈빙빙빙〉이라는 노래다. 다음과 같은 가사가 꽤 마음에 들었다.

추운 줄도 잊어버리고 팽이놀이하는
동네의 골목에서 노니는 아이들 소리
채찍 맞으며 아픔을 참으며 눈물도 흘리지 않고
그냥 빙빙 말없이 돌아가는 동그란 팽이
돌고 돌아가는 세상 우리 모두 함께 모여 팽이놀이 해볼까
돌고 돌아가는 세상 우리 모두 함께 모여 팽이놀이 해볼까
빙빙빙 돌아라 내 팽이야
빨간 노랑 파랑 줄무늬의 오색의 내 팽이야
빙빙빙 돌아라 세상이 어지럽게

빙빙빙 돌아서 네 자릴 잡아라

돌고 도는 세상처럼 팽이는 돌아간다

애들아 쉬지 말고 그 팽이를 쳐봐라

　노랫말처럼 지금 우리 교육은 채찍 맞으며 아픔을 참으며 눈물도 흘리지 않고 열심히 돌아가고 있다. 세상이 어지러워도 자신의 자리를 굳건히 잡기 위해 쉬지 않고 돌아가고 있다. 이 교육 팽이가 쓰러지지 않도록 계속 팽이채로 쳐주기를 바란다. 다만 교육에 대한 예의는 지켜가면서.

21

진보와 보수,
학교에는 없다
(2022년 1월)

새해에는 보통 꿈과 소망을 말한다. 그런데 2022년 새해에는 걱정이 앞선다. 선거를 앞두고 이미 시작된 싸움이 더 격렬하게 전개될 것이 뻔하기 때문이다. 그 싸움이란 무엇인가? 바로 진보와 보수의 싸움이다. 그리고 그 양상은 교육계에도 그대로 전이될 것이다.

이런 걱정 앞에서 한 권의 책이 떠오른다. 지금으로부터 정확히 10년 전 하이트_{Jonathan Haidt}가 쓴 『바른 마음』이다. 2년 후에 "나의 옳음과 그들의 옳음은 왜 다른가"라는 부제_{副題}를 달고 번역 출간된 이 책은 국내에서도 인기를 끌었다. 책의 내용이 미국의 진보와 보수의 집단적 갈등을 말하고 있지만, 그것이 국내의 상황에도 그대로 적용될 수 있는 큰 울림을 주었기 때문이다. 그런데 10년이 지난 지금 그 울림은 진보와 보수의 어울림으로 진화하지 못하고 갈등의 심화 내지는 고착화라는 아픔으로 우리 곁에 머물고 있다.

교육과 ——— 교육학 사이

이 책의 서문('들어가며') 제목이다. 저자는 이 책의 제목을 '도덕적인 마음moral mind'이라고 지을 수도 있었다고 고백한다. 인간의 마음이 애초부터 언어, 성생활, 음악을 하도록 설계되어 있듯이, 인간의 마음은 애초부터 도덕을 '행하도록' 설계되어 있다는 뜻으로 말이다. 그러나 저자는 책의 제목을 '바른 마음righteous mind'이라고 붙였다. 인간 본성은 본래 도덕적이기도 하지만, 도덕적인 체하고 비판과 판단도 잘한다는 뜻을 전하기 위해서였다.

　문제는 비판과 판단이 극단적이고 편 가르기식으로 흐른다는 것이다. 서로 자기 자신과 자기편의 생각을 '바른 마음'으로 여긴다는 것이다. 이 책 3장의 제목은 "나는 바르다. 남이 잘못이다"로, 우리가 자기중심적으로 옳고 그름을 판단하려는 경향성을 다음과 같이 표현하고 있다.

　지난 500만 년 동안 우리 인간의 뇌는 크기가 세 배로 커졌고, 이로써 언어 능력은 물론 추리 능력까지 엄청나게 발달되었다. 그런데도 우리는 왜 우리 안에 판사나 과학자가 아닌 변호사를 발달시킨 것일까? 그것은 곧 우리 조상들이 이 땅에 적응하는 데에는 진실을 밝혀내는 일이 가장 중요하지는 않았다는 뜻이 아닐까? 누가 어떤 행동을 왜 했는지 그 진정한 이유를 밝히는 것보다는 뇌의 힘을 모조리 동원해 믿고 싶은 것을 뒷받침할 증거를 찾는 일이 더 중요했다는 뜻은 아닐까? 그 답은 다음 질문에 우리가 어떻게 답하느냐에 따라 달라진다. 우리 조상들의 생존에 더 중요했던 것은 '진실'과 '평판' 중 과연 어느 쪽이었을까?

오늘을 사는 우리에게 던지는 뼈아픈 지적이고, 슬픈 현실이고, 받아들이고 싶지 않은 가설이다. 과연 진보와 보수로 갈라져 싸우는 수많은 사안에서 우리가 찾고자 하는 것은 '진실'일까 아니면 '평판'일까?

저자는 사람들은 개인적으로 이기적^{selfish}이기도 하지만 동시에 곧잘 이집단적^{利集團的, groupish}이 된다고 지적한다. 개인적으로 성인^{聖人}은 못 되어도 더러 훌륭한 팀플레이어가 될 수 있다는 것이다. 이러한 이집단성의 프레임으로 저자는 진보와 보수의 갈등을 그리고 있다. 특히 진보가 중요시하는 가치와 보수가 중요시하는 가치를 구분하면서 여러 가지 갈등 상황을 그리고 있다.

진보와 보수가 중시하는 가치에 따른 저자의 이런 구분을 여기에서 다시 정리하지는 않겠다. 그의 구분과 실명 방식에 우리 사회의 진보와 보수, 그리고 그 어디에도 속하지 않는다고 생각하는 사람이 동의하지 않을 수도 있기 때문이다.

하지만 진보와 보수의 갈등을 이런 방식으로 설명한 후에 저자가 던지는 다음과 같은 적나라한 현실의 모습에 우리는 과연 자신 있게 반박할 수 있을까?

합리주의자들이 꿈꾸기에는 각계 전문가들이 어떤 편견도 갖지 않고서 함께 일련의 정책을 만들어내는 것이 진정 바람직한 이상 국가이겠지만, 현실은 그렇지가 못하다. 사람들의 표와 돈을 얻기 위해 정당끼리 서로 경쟁을 벌이는 방법 말고는 정치가 돌아갈 다른 뾰족한 수가 없는 것이다. 그리고 이러한 경쟁에는 늘 사기와 선동이 빠지지 않는바, 정치인들이 진실을 제멋대로 줄였다 늘였다 하기 때문이다. 이들은 자기 내면의 공보관을 이용해, 자기 자신은 누구보다 밝고 깨끗한 사람으로 비치게 하는 한편 상대방은 나라를 말아먹을 바보처럼 보이게끔 한다.

현재 우리 사회는 갈등 중이다. 가장 대표적이고 거대한 갈등은 진보와 보수의 대결 구도다. 어떤 사안에 대해 자신의 입장을 밝히거나 발언하는 순간 본인의 의사와 관계없이 진보와 보수 중 어느 하나로 편입되어버린다. 그래서 많은 사람이 입장 밝히기를 꺼린다. 자신은 진보와 보수가 아니라 중도이며, 또는 사안에 따라 선택적으로 판단하는 합리주의자라고 주장하는 목소리는 음이 소거된 화면의 몸짓으로만 보일 뿐이다.

그리고 이러한 대립 양상은 교육이라고 그냥 지나치지 않는다. 교육에 몸담은 사람들, 교육과 이해관계가 있는 사람들, 그리고 교육을 걱정하는 사람들 모두 교육을 말한다. 그런데 대부분 자신의 주장은 진보와 보수가 아니라 교육적 입장이라고 말한다. 다른 이의 주장은 비교육적이라고 말한다. 너의 생각은 그렇지만 나의 생각은 이렇게 다르다는 방식이 아니다. 나의 주장은 교육적이기에 '나는 바르고', 너의 생각은 비교육적이기에 '너는 그르다'라는 방식이다. "나의 옳음과 그들의 옳음은 왜 다른가"라는 책의 부제가 계속 떠오르는 상황이다.

하지만 지금 학교에는 진보와 보수가 없다. 2년간의 힘든 코로나19 상황에서 사회는 진보와 보수로 분열되었지만, 학교는 오히려 하나가 되었다. 학생 교육 외에 방역이라는 또 하나의 큰 임무가 주어진 선생님들에게 진보와 보수는 없었다. 효율적인 원격 수업을 함께 고민하는 절실한 토의가 있었지, 진보와 보수의 이데올로기적 대립은 없었다. 코로나19로 인해 어려움에 처한 학생들의 학습과 정서적 지원 활동에 자발적으로 참여한 키다리샘이 있었을 뿐, 서로 삿대질하는 진보샘과 보수샘은 없었다.

진보와 보수, 학교에는 없다. 2022년의 '바른 마음'은 '나는 옳고 너는 그르다'라는 진보와 보수의 배척하는 마음이 아니라, '교육의 마음educational mind'이 되었으면 좋겠다. 학교는 이미 교육의 마음으로 코로나19와 함께하고 있다. 우리 사회 전체가 교육을 이야기할 때는 교육의 마음으로 임해주었으면 좋겠다.

22

피노키오에게
학교란?
(2022년 2월)

나무토막으로 만든 꼭두각시 피노키오. 피노키오를 만든 제페토 할아버지는 요정에게 피노키오를 진짜 사람으로 만들어달라고 부탁한다. 그 부탁을 들어주겠다고 하면서 요정은 한 가지 조건을 내세운다. 피노키오가 사람이 되려면 선악을 배워야 한다는 것이다. 그리고 이것을 위해 학교에 가야 한다는 것이다.

여기서 우리는 커다란 두 개의 전제를 발견할 수 있다. 첫째는 선악을 배워야만 진짜 사람이라는 것이고, 둘째는 학교는 선악을 배우는 곳이라는 것이다. 피노키오에게, 제페토 할아버지에게, 그리고 『피노키오의 모험』을 쓴 작가 콜로디Carlo Collodi가 살던 19세기 이탈리아에서 학교는 그런 곳이었다.

학교는 선악을 배우는 곳이라는 학교의 존재 의미가 과연 오늘날에도 그대로 적용될 수 있을까? 시대와 장소는 다르지만, 이러한 의미 규정에 많은 사람이 공감을 보낼 것이다. 하지만 인공지능 로봇을 친구 삼고 메타버스를 통해 교류하는 현대인의 삶 속에서 선악을 배우는 곳으로서의 학교라는 의미만으로는 뭔가 부족하다는 느낌을 지울 수 없다.

과연 오늘의 한국 사회에서 학교란 무엇인가? 학교는 어떤 모습이어야 할까? 새로운 학교의 존재 의미를 어떻게 드러낼 수 있을까? 새삼스러운 고민은 아니다. 이미 지속적인 문제 제기와 고민이 있었고 다양한 의견이 제시되고 있기도 하다.

그런데 이제는 사정이 다르다. 지금까지는 학교의 새로운 의미에 대한 고민과 탐색의 시간이었다면, 이제는 실질적으로 적용해야 하는 실행의 시간이 된 것이다. 그런데 이번 대선 후보들의 교육 공약을 보면 이런 고민들이 보이지 않는다. 내가 이번 대선 후보들의 교육 공약에 문제를 제기하는 첫 번째 이유는 바로 '새로운 학교의 모습에 대한 그림'을 볼 수 없기 때문이다.

대선 후보들의 교육 공약을 보면 어떤 교육을 하겠다는 것인지, 그 핵심인 학교를 어떤 모습으로 꾸미겠다는 것인지의 그림이 보이지 않는다. 내가 꿈꾸는 대한민국은 이런 방향인데, 이런 방향의 달성을 위해서는 학교가 이런 모습과 역할을 해주어야 한다는 안내도가 보이지 않는다.

학급회장 선거도 지방자치단체장 선거도 아닌, 대통령 선거에서는 당연히 이런 교육에 대한 큰 그림이 걸려 있어야 하지 않을까? 이런 그림은 없이, 대입의 수시와 정시 비율 조정과 같은 기교적인 문제에 매달리는 교육 공약이 안타깝기만 하다.

이제 학교는 학생들에게 단순한 배움의 공간을 넘어 일상적인 삶의 공간이 되었다. 지금까지 학교가 순수한 교육기관이었다면, 오늘의 학교는 교육을 넘어 또 다른 역할을 요구받고 있다. 지난날 대선 교육 공약에 없었던 돌봄과 같은 단어들이 등장하는 것을 보면 알 수 있다. 나아가 학생과 교직원만 독점하는 공간이 아니라 마을교육공동체라는 의미 속에서 지역주민이 함께하는 공간이 되어가고 있다. 그리고 원격 교육 시대에 학교라는 경계가 물리적 울타리를 넘어 확대되고 있기에 과연 어디까지가 학교인가에 대한 물음도 가능하다. 이런 현실에서 새로운 학교의 위상과 역할에 대한 치열한 고민이 대선 후보의 교육 공약에 들어 있어야 한다.

대선 후보들의 교육 공약에 대한 문제점을 지적하는 두 번째 이유는, '학습자 주도의 배움 시대'를 반영하지 못하고 있기 때문이다. 지금까지 학교교육은 지식의 저장고에서 학생들이 그것들을 끌어내어 자신의 머리에 얼마만큼 저장하는가의 저량貯量 개념에 기반하여 운영되어왔다. 교육과정과 수업도 그렇고, 특히 평가는 철저하게 저량 개념에 따라 시행되었다. 수능 시험을 포함하여 모든 시험은 학생의 머릿속에 얼마만큼의 지식이 저장되어 있는가를 측정하는 양적 평가를 당연시 여겨왔다.

하지만 이제 지식과 정보를 인쇄물이 아닌 디지털 방식으로 취급할 수 있게 되면서 지식의 전달이 저장이 아닌 스트리밍 streaming 방식으로 전환되었다. 이제 지식과 정보는 도서관에 보관되는 저장된 자원이 아니라 스마트 기기를 통해 누구나 언제 어디서나 자유롭게 활용할 수 있는 스트리밍 자원이 되었다.

그리고 이렇게 스트리밍 자원으로 전환된 지식을 적극적으로 활용하는 스마트폰이 낳은 신인류 '포노사피엔스 Phono Sapiens'(최재붕, 『포노 사피엔스』)와 이들이 주인공인 학교도 목도하게 된다(최승복, 『포노 사피엔스 학교의 탄생』). 포노사피엔스는 휴대폰을 마치 신체의 일부처럼 사용하는 세대, 네이티브 스마트폰 시대를 사는 사람들이다. 지금 학교에 다니는 초·중·고 학생들이 여기에 속한다. 그들에게 지식은 도서관에서 찾거나 머리에 담아두는 그 무엇이 아니라, 자신의 손끝에서 검색하고 활용하면 되는 서비스다. 공급자(가르치는 자) 중심의 지식 전달이 아니라 '학습자 주도의 배움'을 실현하고 있는 세대다. 학습자 주도의 배움 시대가 실제 도래한 것이다.

학습자 주도의 배움 시대는 공급자 중심의 주입식 교육을 거부한다. 주입식 교육에 대한 비판은 근래에 제기된 것이 아니라, 이미 100여 년 전에 듀이 J. Dewey가 지적할 정도로(『민주주의와 교육』, 1916) 그 역사가 길다. 그리고 근래에 와서는 학생의 자기 주도적 학습, 학생 개별형 맞춤식 교육 등이 강조되고 있다. 그런데도 대부분의 학교 현장에서는 주입식 교육이 주를 이루고 있고, 학생의 자기 주도적 학습과 학생 개별 맞춤식 교육은 기대하는 만큼 보편화되지 못하고 있다.

왜 그럴까? 교육적으로는 바람직할지 몰라도 실제 학교 현장에서는 그럴 필요가 없기 때문이다. 입시가 주목적이 되어버린 학교교육에서 주입식이 아닌 토론식 수업, 학생의 자기 주도적 수업은 크게 환영받을 만한 일이 못 된다. 입시에 도움이 되지 않기 때문이다. 당위성은 인정하지만 필요성은 없다.

하지만 이젠 따로 강조하지 않아도 주입식 수업보다는 토론식 수업이나 프로젝트형 수업이 이루어질 수밖에 없는 상황이 되었다. 학습자 주도의 배움이 자연스러운 현상으로 나타날 수밖에 없게 되었다. 이제 지식의 전달이 스트리밍 방식으로 이루어지고, 포노사피엔스 네이티브가 스스로 배움의 내용과 방식을 자유롭게 선택할 수 있기 때문이다.

근래 한국 사회에서 수많은 미래의 학교에 관한 담론이 범람하지만, 여전히 저장식 지식 개념에서 벗어나지 못하는 것이 안타깝다. 이런 연속선상에서 볼 때 대선 후보들이 제시하는 공약들도 마찬가지다. 후보들의 교육 공약을 보면 온통 저장식 학습의 시대에 적용되는 내용이다. 기존의 저장할 내용에 새롭게 저장할 내용을 추가하고 있고, 그 저장 공간을 넓혀주겠다고 선심을 쓰고 있으며, 그 비용을 국가가 책임지겠다고 공언하고 있다. 정작 포노사피엔스 네이티브가 그 저장고를 활용할 가능성은 거의 없는데도 말이다.

피노키오와 친구들에게 학교는 가고 싶은 곳이 아니다. 피노키오는 학교라는 말만 들어도 온몸이 아프다고 투덜댄다. 그래서 친구들의 꾐에 빠져 학교가 없다고 하는 '장난감 나라'를 향하는 마차에 올라탄다. 그러나 결국 피노키오는 학교에 다니게 된다. 선악을 배우기 위해서, 그리고 진짜 사람이 되기 위해서.

지금 학생들은 왜 학교에 가야 할까? 자신의 손끝을 배움의 시작으로 이용하는 포노사피엔스에게 학교는 어떤 곳이어야 할까? 대선 후보들의 공약에 이런 핵심적인 고민이 보이지 않아 안타까울 뿐이다.

23

'남한산성'으로 간 교육

(2022년 10월)

오랜만에 남한산성에 올랐다. 산성 꼭대기에서 바라보는 탁 트인 시야가 스트레스의 일부를 날려줬지만, 꼭 언급해야만 하는 각주脚註처럼 '삼전도의 굴욕'이 생각의 지면紙面에 스멀거린다. 병자년 청나라의 침략 앞에서 남한산성으로 피신한 인조의 운명. 코앞에 진을 치고 있는 청의 황제칸에게 항복 문서를 보낼 것인지에 대한 최명길(이조판서)과 김상헌(예조판서)의 논쟁을 김훈은 소설 『남한산성』에서 다음과 같이 그리고 있다.

> 김상헌이 앞으로 나왔다. "전하, 뜻을 빼앗기면 모든 것을 빼앗길 터인데, 이 문서가 과연 살자는 문서이옵니까? …… 전하의 군병들이 죽기로 성첩을 지키고 있으니 어찌 회복할 길이 없겠습니까. 전하, 명길을 멀리 내치시고 근본에 기대어 살길을 열어나가소서."……

최명길이 말했다. "상헌은 제 자신에게 맞는 말을 하고 있는 것이옵니다. 이제 적들이 성벽을 넘어 들어오면 세상은 기약할 수 없을 것이온데, 상헌이 말하는 근본은 태평한 세월의 것이옵니다. 세상이 모두 불타고 무너진 풀밭에도 아름다운 꽃은 피어날 터인데, 그 꽃은 반드시 상헌의 넋일 것입니다. 상헌은 과연 백이伯夷이오나, 신은 아직 무너지지 않은 초라한 세상에서 만고의 역적이 되고자 하옵니다. 전하의 성단으로, 신의 문서를 칸에게 보내주소서."

김상헌이 두 손으로 머리를 싸쥐고 소리쳤다. "전하, 명길의 문서는 글이 아니옵고……."

최명길이 김상헌의 말을 막았다. "그러하옵니다. 전하, 신의 문서는 글이 아니옵고 길이옵니다. 전하께서 밟고 걸어가셔야 할 길바닥이옵니다."

김류가 말했다. "명길이 제 문서를 길이라 하는데 성 밖으로 나가는 길이 어찌 글과 같을 수야 있겠나이까. 하지만 글을 밟고서 나아갈 수 있다면 글 또한 길이 아니겠나이까."

임금이 겨우 말했다. "영상의 말이 어렵구나. 쉬고 싶다. 다들 물러가라."

항복할 것인가 항전할 것인가, 그 항복 문서가 글인가 길인가 등을 논쟁하는 동안 추위와 굶주림에 시달리는 백성의 처지는 말할 필요도 없이 비참했다. 설날 아침 끼니거리가 없는 백성은 빈 솥단지에 불을 때서 연기를 올렸다. 겨울을 살아남은 군병들은 군복을 제대로 걸친 자가 없었고, 수염이 자라고 머리털이 늘어져서 늙은 들짐승처럼 보였다. 민촌에서는 노인이 죽었는데 관을 쓰지도 못하고 마을 사람들이 가마니에 싼 시신을 새끼줄로 묶어서 끌고 나와 그대로 땅에 묻었다. 주린 말들은 혀를 내밀어서 풀뿌리를 핥았고 서로의 꼬랑지를 빨아 먹었다. 주저앉은 말들은 갈비뼈가 드러난 옆구리로 가늘게 숨을 쉬었다. 항복과 항전의 논쟁 속에서 헤어나오지 못하는 조정의 모습, 추위와 굶주림으로 생존에 허덕이는 백성. 논쟁 속의 이상과 현실 간의 먼 거리, 그 괴리는 어쩔 수 없는 것인가?

근래 두 개의 학술대회(포럼)에 다녀왔다. 굳이 구분하면 하나는 보수적 색채가 강한 단체의 학술대회이고, 다른 하나는 진보적 색채가 강한 단체의 포럼이었다. 그런데 우연히도 두 대회의 주요 주제에 공화주의共和主義, republicanism의 모색과 교육적 적용이 있었다.

왜 새삼스럽게 공화共和인가? 두 학술대회에서 제시하는 맥락은 같았다. 보수와 진보의 극단적 대립이라는 정치적 양극화를 극복하고 제3의 대안으로서 공화주의가 필요하다는 것이다. 민주주의가 다수결주의로 왜곡되고, 극단적인 대립으로 상대가 공동선의 모색을 위한 '경합하는 상대'가 아니라 '절멸

시켜야 할 적'이 되는 현실을 극복해야 한다는 것이다. 자유주의의 핵심 가치인 '자유의 실현'을 보장하면서도, 공동체주의의 '적극적 정치 참여를 통한 공동선 및 공익의 추구'를 양립시킬 수 있는 공화주의가 그 대안으로 필요하다는 것이다.

이런 필요성을 강조하면서 많은 논점이 제시되었다. '간섭하지 않는 자유freedom as non-interference'에서 '지배받지 않는 자유freedom as non-domination'로, 다른 의견을 가진 사람들을 절멸시켜야 할 '적'으로 보지 않고 함께 공동체의 문제를 해결해가야 할 동료 시민으로 받아들이는 '시민적 우애civic friendship'의 교육, '인간적 성숙'을 위한 '인성 교육'과 '정치적 성숙'을 위한 '시민 교육'이 대립이 아닌 학교교육의 두 축이 되어야 한다는 등의 논점이었다.

같은 공화를 주장하면서도 보수적 색채와 진보적 색채에 따라 제시하는 방향성과 교육적 적용 방안에는 어느 정도 예상했던 괴리가 느껴지기도 했다. 하지만 나를 괴롭게 한 것은 두 색채 간의 괴리가 아니라, 두 학술대회에서 제시하는 논변들이 실제 학교 현장에서 어떻게 적용될 수 있는가에 대한 괴리였다. 어느 발표자도 학교 현장의 실상에서 출발하지 못하고 있었다. "학교를 작은 공화국으로 만들기 위해 교육은 어떻게 가능한지에 대한 구체적 연구가 시작되어야 한다"라는 당위성만 던지는 한 교수의 목소리는 공허하기만 했다.

초·중·고 학생들에 대한 교육 방향을 이야기하면서도 정작 학교의 현실도 없고 방안도 없는 허공 속의 목소리. 그 구체적인 방안은 학교 현장의 구성원들이 찾아야만 한다는 책임 떠넘기기. 항복이냐 항전이냐, 글이냐 길이냐의 논쟁만 일삼는 『남한산성』의 조정과 무엇이 다른가? 이 괴리도 어쩔 수 없단 말인가?

근래 교육부의 관료들과 유관 기관 관계자들을 만날 기회가 있었다. 늘 느끼는 것이지만, 나는 교육부 관계자들을 만날 때마다 놀라는 게 하나 있다. 말을 너무 잘한다. 돌봄 교실, 미래 교육, 코딩 교육, 메타버스, 고교학점제, 생활지도와 교권 등 단어만 제시하면 그 필요성과 방향 등에 관해 거침없고 일목요연한 설명이 술술 이어진다. 자신감이 넘친다. 그런데 듣고 나면 허무하다. 학교 현장의 현실과는 먼 연구보고서 발표와 같은 느낌이 들기 때문이다.

불완전한 상태로 국가교육위원회가 출범했다. 하지만 '그 나물에 그 밥 국가교육위원회'라는 언론의 헤드라인처럼, 학교 현장과는 관계없는 이야기다. 교육부는 지난 8월 「디지털 인재 양성 종합방안」을 발표했지만, 가르칠 교사와 시스템이 절대 부족하여 코딩에 대한 불법 사교육이 기승을 부리고 있는 현실을 교육부 스스로 특별 점검을 통해 확인했다. 고교학점제를 통해 학생의 선택권을 확대한다고 하지만, 교사 정원을 줄인다는 정부 방침에 따라 학교 현장은 내년도 교육과정 편성을 놓고 교과별 갈등이 심각하다.

이처럼 교육에서의 이상과 현실 간의 괴리가 크다. 새로운 국가교육위원회의 출범, 긴 공백 끝에 새로운 교육부 장관의 지명, 교육 분야 국정 감사에서 나오는 어휘들, 갈등으로 얼룩진 2022년 개정 교육과정의 공청회 등 큼지막한 사안들이 가판대에 올라와 있지만, 학교 현장의 구성원들에게 큰 관심을 끌지 못한다. 어차피 국가교육위원회, 교육부, 교육청의 의도대로 진열된 전시용으로 여겨질 뿐이다. 학교 현장에서 즉시 구입해서 활용할 수 있는 구매용과는 거리가 멀기 때문이다.

이러한 괴리는 낯설지 않다. 늘 지적되는 문제다. 괴리가 장기화하면서 오히려 그 괴리가 익숙하고 당연한 현실로 받아들여지기도 한다. 이제 괴리 좁히기에 나서야 한다. 이 괴리가 더 벌어지지 않도록, 콘크리트처럼 굳지 않도록 괴리 좁히기에 나서야 한다. 백성의 고초를 외면한 『남한산성』에서의 글과 길 논쟁을, 학교 현장과는 동떨어진 학술대회의 공허한 외침을, 정책의 필요성만 강조하는 교육부 관료의 열변을 이제는 멈추어야 한다.

그동안 많은 교육정책이 실패한 요인은 여러 가지겠지만, 가장 큰 요인은 정책의 필요성과 선도성만 중요시할 뿐 학교 현장에 적용할 때의 괴리에는 크게 신경 쓰지 않았기 때문이다.

이제부터 새로운 교육정책을 펼칠 때는 기획서의 끝에 언급되는 장밋빛 '기대 효과'보다는 현실적인 실행 방안에 더욱 심혈을 기울여야 한다. 정책 실행 방안 이전에 그 정책의 현장 적용을 위한 기반 구축 실행 방안이 우선되어야 한다.

『남한산성』의 작가는 '일러두기' 1번으로 "이 책은 소설이며, 오로지 소설로만 읽혀야 한다"라고 말한다. 하지만 학교 현장은 다르다. 학교를 읽으려는 사람들에게 말하고픈 '일러두기' 1번은 다음과 같다. "학교는 현실이며, 현실을 제대로 읽어야 한다."

24 학교가
뭐 하는 뎁니까?
(2022년 11월)

"학교가 뭐 하는 뎁니까?" 여러 가지 불미스러운 행동과 교칙 위반으로 퇴학 위기에 처한 학생의 학부모가 학교에 대한 불만으로 내뱉은 말이다. 학생의 잘못은 인정하지만, 학교가 퇴학을 언급하는 것은 적절하지 않다는 것이다. 학교는 무조건 학생을 품어주어야 한다는 주장이다.

과연 학교는 그런 곳일까? 학교는 뭐 하는 델까? 학교란 무엇일까?

30년을 훌쩍 넘게 교직에 있었으니, '학교란 무엇일까'라는 근본적인 질문에 나름대로 답을 지니고 있어야만 한다는 의무감이 든다. 그 어느 때보다도 몰매를 맞으며 정체성의 위기를 겪고 있는 학교에 대해 뭔가 변명의 작은 지푸라기라도 잡고 싶은 심정이다. 교직의 뜻을 품고 사범대에 입학한 새내기 대학생 시절『학교는 죽었다』(에버레트 라이머)라는 책을 읽고 받았던 충격에 대해 이제는 반추反芻의 변辯을 내놓아야 할 시간이다.

역사적으로 볼 때 학교는 문자의 발생과 함께 탄생했다. 즉 개인의 경험만으로는 감당하기 어려울 정도로 생활양식과 생산기술이 복잡해지고 문화가 축적됨에 따라 이를 다음 세대에 계승시키기 위한 문자가 필요했다. 그리고 시공간의 제한을 넘어 전달할 수 있는 문자를 통해서 조직적으로 전수·훈련시키기 위한 제도적·형식적 기관으로서 학교가 탄생했다.

그런데 탄생기의 학교는 지금과 같이 모든 사람에게 허락된 기관이 아니었다. school의 어원인 그리스어 'schole'가 여가, 한가, 오락을 뜻하는 것에서 알 수 있듯이, 시간이나 금전적 여유가 있는 일부 계층이 놀이처럼 여가로 즐긴 것이 고대의 학교교육이었다. 경제적·시간적 여유가 있는 상류층 자녀들의 담소와 교양 향상을 위한 계획적 교육의 마당이 학교였다. 그것은 한마디로 일부를 향한 선택형 맞춤 학교였다.

인쇄술의 발달과 산업혁명으로 근대적 학교가 등장하면서 학교는 일부가 아닌 모두에게 열린 배움의 공간이 되었다. 특히 18~19세기 국가 발전을 위한 국가주의적 교육관이 강조되면서 교육은 기회가 아니라 모두가 받아야 하는 의무가 되었고 많은 나라에서 초등학교 의무교육을 도입했다. 19세기 초 프로이센을 중심으로 전개된 표준화된 근대적 국민교육제도가 전 세계로 전파되었고 우리나라도 예외는 아니었다.

이러한 근대적 학교교육의 주요 특징은 보편화, 도구화, 표준화라고 할 수 있다. 고대의 학교처럼 일부 계층이 아니라 모두에게 교육받을 기회가 주어진 것이 보편화다. 그리고 종종 다른 주장도 있지만, 교육은 국가 발전을 위한 도구라는 것이 주류의 견해였으며, 이러한 국가 발전이라는 교육 목적을 효율적으로 달성하기 위해 학교교육의 내용과 방법은 표준화된 방식을 따랐다. 고대의 학교가 일부를 향한 선택형 맞춤 학교였다면, 근대의 학교는 모두를 향한 의무형 공통 학교라고 할 수 있다.

이러한 근대의 학교 체제는 현재까지 이어지고 있다. 그런데 근대적 학교 체제의 종언을 요구하는 목소리가 사방에서 넘친다. 근대적 학교교육 시스템을 탈피해야 하는 이유는 너무나 많아서 일일이 소개할 수 없을 정도다. 「학교를 고발합니다」라는 제목의 동영상이 SNS에서 지속적으로 등장하고 있으며, 『포노 사피엔스 학교의 탄생』의 저자(최승복)는 단종斷種시켜야 할 근대 학교의 모습을 다음과 같이 그려내고 있다.

근대 학교는 강제로 교육시키는 학교, 공부를 지루하고 어렵고 하기 싫은 것으로 만드는 학교, 서로가 협력하지 못하게 하는 학교, 한곳에 몰입하지 못하게 하는 학교, 스스로 생각하고 결정하고 책임지지 못하게 하는 학교, 통합과 융합을 방해하면서 분할

하고 파편화하는 학교, '모든 것을 다 안다'는 착각과 냉소를 키우는 학교다.

그렇다면 근대적 학교 체제의 변혁, 탈피, 단종을 주장하는 사람들이 지향하는 새로운 학교의 모습은 무엇일까? 시공간을 초월한 온라인 학교, 스스로 배우는 디지털 네이티브, 역량 중심 교육 등 다양한 논점이 봇물 터지듯 쏟아진다. 다섯 수레에 실을 만큼의 책으로도 부족한 그 많은 주장을 일목요연하게 정리할 수 없음에 안타까울 뿐이다.

다만 지금까지 살펴본 학교라는 제도의 역사적 맥락에 비추어볼 때 탈근대와 미래 지향의 학교는 다음처럼 개략적으로 표현할 수 있을 것이다. 고대의 학교가 '일부를 향한 선택형 맞춤 학교'였다면, 근대의 학교는 '모두를 향한 의무형 공통 학교'였다. 이제 우리가 새롭게 추구하는 미래형 학교는 '모두를 향한 선택형 맞춤 학교'가 되어야 한다.

모두를 향한 선택형 맞춤 학교! 지금 시점에서 '학교란 무엇인가'라는 질문에 대한 답으로 내놓을 수 있는 밑그림이다. 학교교육의 역사적 맥락과 만들어가는 미래의 관점에서 우리가 그려야만 하는 조감도다.

그렇다면 이러한 조감도를 바탕으로 짓는 새로운 학교는 어떤 모습을 하고 있을까? 어떤 역할을 담당해야만 할까? 지금 우리는 무엇을 준비해야만 할까?

첫째, 학교는 더 이상 교육의 성역聖域이 아니다. 학교가 교육을 전담하는 시대는 끝났다. 역사적으로 국가적 필요성에 의해 학교가 교육의 독점적 지위를 유지해왔지만, 이제 교육 독점기관으로서의 학교의 위상은 점점 약화될 것이다. 근대의 학교는 의무교육과 독점성을 확보하면서 교육의 질이 떨어졌다. 이제 교육 질의 경쟁이다. 이제 학교는 여러 교육기관 중 하나일 뿐이다.

교육에 대한 독점적 지위가 약화되는 대신, 학교는 순수 교육 활동 외의 또 다른 역할들을 사회로부터 강하게 요구받고 있다. 돌봄교실 확대 요구가 대표적인 사례다. 이제 학교는 가르치고 배우는 곳에서 생활하는 곳으로 그 역할이 확대되고 있다. 이에 따라 학교에는 가르치는 자(교사)와 배우는 자(학생) 외에 제3의 역할을 가진 구성원들이 증가하고 있다. '마을교육공동체', '온 마을이 학교다'라는 구호 속에서 학교는 교사와 학생을 넘어 모든 마을 사람의 공동 소유가 되어가고 있다.

둘째, 학교교육의 기본 틀이 실제로 바뀌고 있다. 여기서 핵심은 '실제로'라는 말이다. 시대의 변화에 따라 학교교육이 달라져야 한다는 끊임없는 요구에도 불구하고 근대 이후로 확립된 학교교육의 틀은 수십 년 동안 놀라울 정도로 변하지 않고 유지되어왔다. 『학교 없는 교육 개혁』(데이비드 타이악, 래리 큐반)의 저자가 언급하고 있듯이 "시간과 장소를 나누고 학생들을 분류해서 교실에 배치하고 '과목'에 대한 파편적인 지식을 전수하며 배웠다는 증거로 학점과 학년을 주는 방식은 거의 변하지 않았다."

하지만 끄떡없던 학교교육의 기본 틀이 지금 '실제로' 변하고 있다. 그 변화의 대표적인 사례는 학교라는 공간 구조의 변화, 교사와 학생 간에 이루어지는 교수-학습 형태의 변화다. 이제 학교는 특정 공간에 건물의 형태로 존재하는 물리적 장소만을 가리키지 않는다. 옛 모습을 그대로 간직하고 있는 어느 시골의 소규모 학교도 학교지만, 네트워크로 연결된 온라인 학교는 전 세계를 영토로 가진 하나의 학교가 되기도 한다.

학생의 자기 주도적 학습의 확산 앞에서 일방적인 지식 공급자로서의 교사와 지식 수용자로서의 학생의 관계도 변하고 있다. 이를 대변하듯 하라리Yuval Harari는 『21세기를 위한 21가지 제언』에서 "어느 동네의 구식 학교에 묶여 있는 15세 소년에게 지금 내가 해줄 수 있는 최선의 조언은 이것이다. '어른들에게 너무 의존하지 말라'"고 말한다.

이외에도 학교교육의 기본 틀이 변하고 있는 조짐을 여러 곳에서 볼 수 있다. 중요한 것은 그 변화가 우리가 지금까지 겪어왔던 희망하고 요구하는 변화가 아니라 실제로 다가온 변화라는 것이다. 지금 우리는 '희망로'가 아닌 '실제로'라는 도로에서

운전하고 있다.

셋째, 학교는 가야만 하는 곳에서 가고 싶은 곳이 되어야 한다. 국가가 주도하는 근대 학교교육의 시스템 속에서 각 학교는 학생 모집에 큰 노력을 기울일 필요가 없었다. 학령기의 학생에게 학교는 가기 싫어도 가야만 하는 의무였고, 학교에 가지 않는 학생은 일탈자로 취급받았다. 학교는 가만히 있어도 필요한 학생들로 채워졌고, 일부 학교에서는 넘치는 학생들을 선별적으로 수용하기도 했다.

하지만 이제 사정이 달라졌다. 교육의 독점적 지위를 상실한 학교, 물리적 공간으로서의 장소성이 옅어진 학교에 학생들이 몰려올까? 쉽지 않은 상황이다. 이제 학교는 가만히 앉아서 학생을 기다릴 처지가 아니다. 학생을 오게 만들어야 한다. 가야만 하는 학교(의무)에서 가고 싶은 학교(선택)로 만들어야 한다.

가고 싶은 학교가 되기 위해서는 학생에게 재미있는 곳이어야 한다. 교육 프로그램에 참여한 학생들에게 어땠냐고 물었을 때 "재미있었다"라는 대답을 들으면 나는 기분이 좋다. 이때 학생들이 말하는 재미는 단순한 오락이나 쾌락을 말하지 않는다. 자신이 그 프로그램을 선택했고, 자신의 진로 설계에 도움이 되었고, 열심히 참여했고, 그래서 재미있다는 것이다. 한마디로 표현하면, 그들에게 재미는 현재의 충실함으로부터 얻는 즐거움이라고 할 수 있다. 학교는 가고 싶은 곳이어야 하고 다양한 재미를 제공하는 곳이어야 한다.

길을 지나며 수많은 간판을 본다. 간판만 보아도 그곳이 뭐하는 곳인지 알 수 있다. 내부를 자세히 들여다보지 않아도 어떤 물건을 파는 가게인지 알 수 있다. 그런데 전혀 다른 간판을 보기도 한다. 떨어질 것만 같은 낡은 간판에 들여다보니 간판의 내용과는 전혀 다른 물건을 파는 가게를. 폐업했는지 낡은 간판만 걸려 있고 내부에는 아무것도 없는 가게를. 교문에 새겨진 '○○○○학교'라는 현판을 보면서 사람들은 무엇을 기대하고 있을까?

"학교가 뭐 하는 뎁니까?" 학부모의 항의를 다시 한번 떠올려본다. '모두를 향한 선택형 맞춤 학교'라는 입장이라면 그 항의를 수용해야 할 것만 같다. 다만 그 이유는 학부모가 주장한 '학교는 무조건 학생을 품어주어야 한다'라는 데 있지 않다. 학부모가 그리고 학생이 그걸 원하기 때문이다. 크게 반성하면서 바르게 살겠다고 약속하기 때문이다. 그렇게 하면 교칙 적용에서의 원칙이 무너지지 않느냐는 당연한 반론이 나온다. 논리적으로도 그 반론의 타당성을 인정하지 않을 수 없다. 하지만 이렇게 생각할 수도 있지 않을까? 원칙 적용의 무너짐이 아니라 원칙 적용의 확대라고. 학교는 그만한 포용 능력이 있다고.

교사校舍와 운동장으로 이루어진 물리적 공간으로서의 학교라는 모습이 무너지고 있다. 교사는 가르치고 학생은 배운다는 전통적인 교수-학습 시스템이 무너지고 있다. 학교의 주인은 교사와 학생이라는 소유권도 무너지고 있다. 하지만 이것은 무너짐이 아니라 새로운 학교 지평의 확대로 보아야 한다. 모두를 향한 선택형 맞춤 학교를 위한 새로운 웅비 전략이 필요하다.

이렇게 본다면 그 학부모에게 다음과 같이 자신 있게 답할 수 있어야 한다. "학부모와 학생이 원한다면 학생을 다시 품어보겠습니다. 학교는 그런 곳입니다."

제3부

교육

교육이란 무엇일까? 잘 모르겠다.
사람마다 자기의 입맛대로 교육을 말하기 때문이다.
서점의 판매대에 걸터앉은 수많은 『교육학 개론』은
화석화된 교육의 의미만을 중얼거린다.
그러다 보니 우리 사회에서 교육은
'생각거리'나 '만들거리'가 아니라 '싸울거리'나 '부술거리'가 되었다.
사회 정의와 연계되어 그 싸움은 더 큰 미궁으로 빠져든다.
어떻게 하면 교육 본위(本位)의 위상을 찾을 수 있을까?

25

대입 공정성 논의, 교육적 관점은 어디로?

(2020년 1월)

> 공정한 대입, 공정한 교육
> 국민과 함께 만드는 교육 희망 사다리

2019년 11월 28일 교육부에서 「대입 제도 공정성 강화 방안」을 발표했다. 위의 문구는 방안을 발표하는 교육부 장관 뒤쪽에 걸려 있는 현수막에 적힌 내용이다. 많은 사람이 교육부가 발표한 내용에 대해 갑론을박했다. 대부분이 근본 대책이 아니라 짧은 시간에 만들어진 졸속 처방에 불과하다는 비판이었다. 나는 발표 내용에 대한 검토 이전에 현수막의 글귀를 보면서 비판을 넘어 절망감을 느꼈다. 한마디로 글귀 속에서 '교육'은 보이지 않고 '정치'만 보였기 때문이다.

정부가 어떤 정책을 펼치면서 국민의 다양한 의견을 적극적으로 청취하고 반영하는 것은 당연하다. 따라서 '국민과 함께 만드는'이라는 문구를 국민의 의견을 반영하여 대입 정책을 만든다는 의미로 본다면 문젯거리가 되지는 않는다. 그런데 굳이 '국민'이라는 주체를 앞에 내세워야 했을까? 교육 문제에 대한 고민이니까 주체가 '교육○○'이 되어야 하지 않을까? 교육 문제에서 교육적 관점의 고민보다는 '국민'을 앞세운 정치적 고려나 여론이 우선이었다는 느낌을 벗어날 수 없다.

'교육 희망 사다리'라는 문구는 어떤가? '좋은 대학 가는 것이 곧 출세의 지름길'이라고 여기는 현실에서, 교육부가 공정한 대입을 고민하는 목적이 출세를 위한 공정한 사다리 놓기 작업이라고 드러내놓고 말해야 하는가? 원래 대학 교육의 목적은 이런 것이고, 이런 것을 제대로 실현하기 위해 대입의 기회는 어떻게 제공(분배)되어야 하는데, 현재 이루어지고 있는 제공(분배) 방식의 공정성을 위해 세부적인 방안을 이렇게 저렇게 고민했다는 식으로 발표했으면 어땠을까? 즉 공정한 대입 논의의 목적이 공정한 출세 사다리라는 게임 규칙 만들기가 아니라, 본질적 대학 교육의 실현을 위한 것으로부터 출발했다고 했으면 얼마나 좋았을까?

과연 정의 또는 공정이란 무엇일까?

사상 체계의 제1 덕목을 진리하고 한다면, 정의는 사회제도의 제1

덕목이다(존 롤스, 『사회정의론』).

공정성이야말로 굴곡의 현대사를 몸으로 살아낸 한국인들의 가슴 밑바닥에 인두로 지져낸 낙인처럼 찍혀 있는 가치다. …… 공정성이란 단추는 수많은 한국인이 겪은 좌절과 부당함과 그래도 실낱같이 붙들고 있는 희망들이 모두 응축되어서 뜨겁게 달구어져 있는 '뜨거운 단추hot button'이다. 뜨거운 단추는 사람들의 감정을 강하게 자극한다. 뜨거운 단추 이후에 또 누를 수 있는 다른 단추는 없다. 얼마나 진정성을 가지고 비장한 심정으로 이 위험한 단추를 눌렀는지 나로서는 알 길이 없다(장덕진, 「공정성, 그 뜨거운 단추」, 《경향신문》 2010.9.9.).

기회는 평등할 것입니다. 과정은 공정할 것입니다. 결과는 정의로울 것입니다(「문재인 대통령 취임사」, 2017.5.10.).

"정의는 사회제도의 제1 덕목"이라는 롤스의 『사회정의론』을 읽으면서 우리가 추구하는 가치 중에서 정의가 얼마나 중요한 위치인가를 새삼 느낀다. 그리고 "공정성이야말로 굴곡의 현대사를 몸으로 살아낸 한국인들의 가슴 밑바닥에 인두로 지져낸 낙인처럼 찍혀 있는 가치"라는 글을 읽으면서 정의의 문제가 단순한 가치 탐구의 문제가 아니라 우리의 삶과 직결되는 문제라는 현실 앞에서 두려워지기도 한다. 그리고 "기회의 평등, 과정의 공정, 결과의 정의"라는 연설을 들으면서 그 소망대로 이루어졌으면 하는 바람과 함께 실현 가능성에 의문이 들기도 한다.

이렇게 정의(공정성[*]) 문제는 중요할 뿐만 아니라 우리의 삶과 직결되기에 논쟁의 불판에 올릴 때마다 늘 뜨겁다. 더구나 얼마나 좋은 대학을 가느냐가 출세와 성공으로 여겨지는 우리 현실에서 대입 공정성의 문제는 뜨거움을 넘어 불판을 태워버릴 기세다. 이런 뜨거운 불판 위에서 대입 공정성에 대한 다양한 '깨기'와 '해체' 작업이 전개되고 있다.[**] 그중 강태중의 「대입 제도, 제발, 근본적으로 재검토하자」에서 제시된 '해체' 작업이 큰 울림으로 다가온다(강태중, 『교육답게』).

이제 강태중의 논의를 중심으로 우리 사회의 대입 공정성 논

---

[*] 지금 우리 사회의 교육 공정성(대입 공정성) 논의에서는 정의, 공정(공정성), 형평(형평성), 공평(공평성) 등 여러 가지 개념이 혼재되어 나타나 많은 혼란을 주고 있다. 이런 유사한 개념들을 비교 설명하려는 시도가 있음에도 논자마다 입장에 따라 서로 다른 의미로 설명하기 때문에 개념의 혼란은 쉽게 해결되지 않고 있다. 이 글은 개념의 정립이 주목적이 아니므로 정의를 공정(공정성)과 같은 개념으로 보고 호환해서 쓴다. 롤스는 『사회정의론』이 출간되기 전에 이미 「공정으로서의 정의(Justice as Fairness)」(1958)에서 정의의 핵심으로 공정성을 주장했다.

[**] 앞에서도 밝혔지만, 이 책에서 말하는 교육 '깨기'와 '해체'의 의미는 에필로그 「'교육 깨기'에서 '교육 해체'로」에서 상세하게 다루고 있다.

쟁이 어떤 방식으로 이루어지고 있는지 그 해체 작업을 시작해보자. 강태중에 따르면, 지금 우리 사회에서 논의되고 있는 대입 공정성 문제는 다음과 같은 몇 가지 고착화된 틀을 갖고 있다

첫째, 공정하게 만들기 위해 건드려야 할 제도상의 요소를 수능과 학종(학생부종합전형)에 국한하고 있다. 수능과 학종 가운데 어느 것이 더 공정한 전형 방법이냐, 정시를 확대하느냐 마느냐, 그리고 수능과 학종을 좀 더 공정하게 만들 수는 없는가로 모든 이야기가 수렴한다. 수능-학종 프레임에 갇힌 꼴이다.

둘째, 수능-학종 프레임 안에서 공정성의 준거를 대입이라는 게임이 어느 집단에게도 유리하거나 불리하지 않아야 한다는 측면에서만 찾는다. 즉 제도가 '공정해야 한다'라는 인식에 잡혀 있는데, 이런 인식은 맥락에 따라 다음과 같은 기준으로 구체화되어 있다.

① 획일적이어야 공정하다고 본다. 수능이 학종보다 공정하다고 주장하는 근거 가운데 하나다. 수능은 응시자 모두를 똑같게 취급한다는 점에서 공정하다는 것이다. 학종은 어떤 학교에 다니고 어떤 교사를 만나느냐에 따라 달라질 수 있다는 점에서 공정성이 떨어진다고 간주한다. (획일성)

② 객관적이어야 공정하다고 본다. 당락 결정이 주관적으로 이루어져서는 안 된다는 생각이다. 이것 역시 수능을 옹호하

는 생각이다. 수능과 같이 객관적인 점수를 내주는 도구에 비해 입학사정관의 주관적인 판단에 바탕을 두는 학종은 공정하지 못하다고 여긴다. (객관성)

③ 절차가 투명해야 공정하다고 본다. 학종을 '깜깜이' 전형이라고 비판하는 데서 드러나는 인식이다. 전형 자료가 어떤 절차를 거쳐 어떤 기준으로 '채점'되는지 낱낱이 공개될 수 있어야 공정할 수 있다고 여긴다. (투명성)

④ 결과가 평등해야 공정하다고 본다. 대입 사정을 끝낸 결과 어떤 집단이 더 많이 주요 대학에 합격했는지, 그 상대적 비율이 어디로 기울어져 있는지를 따진다. 이를테면 합격생의 소득계층별 분포, 사는 지역, 재학하는 고교 종류(특목고, 자사고, 일반고)의 분포를 따져 대입 공정성을 따진다. (평등성)

그럼 이렇게 고착화된 틀과 통념이 갖고 있는 문제점은 무엇인가?[***]

첫째, 대입 제도는 대입을 위해 경쟁하는 학생의 어느 편에도 치우치지 않게 당락을 판정해줄 수 있으면 공정한 것이라고 여긴다. 수능이 공정하다고 주장하는 사람들은, 그것이 모든 수험생을 차별 없이 똑같은 조건에 두고 시험을 시행하고, 정답 시비가 없는 '객관식' 문제로 누구나 우열이 확인·관리된

[***] 강태중이 제시한 세 가지 문제점 논의에 나의 생각을 일부 반영했다.

다는 점에서 공정하다고 본다. 학종이 공정하다고 주장하는 사람들도 마찬가지다. 수능보다 학종을 채택했을 때 자사고, 특목고 등 출신의 유리함을 배제할 수 있고, 학교 밖의 자원과 배경에 의존하지 않고 학교 안에서의 활동만으로 경쟁할 수 있게 해준다고 주장한다.

그러나 이러한 '공정한 게임'에 골몰하는 입장은 중대한 과오를 저지르고 있다. 그런 주장에 따라 '공정해진' 게임은 이미 공정하지 못한 게임이 되는 자가당착을 맞게 된다. 예를 들어, 정시 확대를 외치는 사람들의 이상처럼 시험 점수를 기준으로 대입 기회를 배분하면 공정하다는 것이 우리 사회의 통념이다. 그런데 어느 대학(학과) 커트라인이 수능 300점이라고 한다면, 300점을 받은 학생은 합격이고 299점을 받은 학생은 불합격이다. 300점을 받은 학생은 당연히 300점이 '실력'을 입증하기에 그 자격이 정당하다고 생각할 것이다.

그러나 그 점수가 얼마나 그 학생의 것인가? 가정 배경이 큰 역할을 하지 않았는가? 300점 가운데 얼마만큼을 수험생 자신의 '실력'으로 간주할 수 있는가? 정의와 공정성을 탐구하는 많은 학자가 정의로운(공정한) 기회 분배를 위해 불리한 여건에 있는 사람들을 고려해야 한다고 주장하는 이유를 생각해봐야 한다.

둘째, 대입 제도를 어느 편의 유불리에만 관심을 둘 경우 '대입'이라는 기회가 무엇을 뜻하는지 깊이 생각할 이유를 갖지 못한다. 즉 대입 기회 획득에서의 유불리만 따질 때 대입은 돈·권력·명예처럼 갖고자 하는 사람들이 경쟁해서 차지해야 하는 것 이상도 이하도 아닌 것이 된다. 실제로 우리 사회에서 대입이 이렇게 받아들여지고 있다. 아픈 현실이다.

대입은 대학 교육을 받을 기회를 말한다. 그런데 우리 사회에서는 대입이 부를 추구하거나 권력을 추구하는 것과 같다고 본다. 실제로 많은 사람이 교육을 받으려는 이유가 직업을 얻고 안락하게 생계를 꾸려가려는 것이라고 여긴다. 그렇다고 교육을 그런 목적의 추구 외에는 다른 어떤 것도 아니라고 인정해야 하는가?

아니다. 교육은 돈과 권력 그리고 직업과 관련해서만 의미를 갖지 않는다. 세속적인 이익도 중요하지만 전인적 인간 형성, 자아 실현, 자신을 성찰하는 능력을 기르는 것 등 거창한(?) 그무엇이 교육의 본령에 있다고 많은 사람이 생각한다. 교육의 고유한 가치가 있다는 것이다. 그런데 지금은 부와 권력이 교육의 고유한 가치를 지배하고 있다.

우리는 대입 공정성을 논의할 때 '대입'이 무엇을 의미하는지 묻지도 않은 채 경쟁에서 이긴 사람에게 대입 기회를 주면 그만이라고 여기고 있다. 이런 관성에서는 수능이 무엇을 재는지, 학생부의 기록으로 무엇을 저울질하는지 깊이 따져볼 이유가 생겨나지 않는다. 대입 경쟁도 부를 향한 기업인의 경쟁이나 권력을 향한 정치인의 경쟁과 다름없이 취급된다. 원래 교육이 세속의 가치를 초월하는 어떤 것과 관련돼 있다는 사실을 잊고 지내며, 심하게는 이제 그것을 인정하려 들지도 않는다. 대입 제도는 가치의 문제가 아니라 사람들이 합의하는 '잣대'로 '점수'를 규정하고 당락을 가르면 그만인 것일 뿐이다. 대입에 대한 세속적 셈법과 그 기회를 쟁취하려는 전략에 의해 교육의 본연이 유린된다. 우리 사회에서 교육은 정치와 경제에 종속되어 있다.

셋째, 대입 공정성에 매몰되다 보니, 우리의 학교교육은 어디로 끌려가고 있는가를 살펴볼 겨를이 없다.**** 대입 문제로 정부와 온 국민이 씨름하고 있는데, 그 고민과 씨름의 혜택으로 초·중등 교육이 좋아지고 있다고 들어본 적이 없다. 갈수록 더 망가진다는 소리만 들릴 뿐이다.

학교교육 정상화*****에 기여한다는 학종도 이런 비판에서 벗

**** 나는 '어디로 가고 있는가'가 아니라 '어디로 끌려가고 있는가'로 표현했다.

***** 우리는 (고등)학교교육 정상화 또는 공교육 정상화라는 용어를 많이 사용한다. 그러나 전국시도교육감협의회 대입 제도개선연구단의 연구에서는 공교육 정상화보다 '교육과정 정상화'라는 용어를 강조하고 있다. 의미 있는 지적이라 생각되어 그 일부를 옮긴다. "교육과정 정상화는 학교 현장에서 수업과 평가가 어떻게 이루어져야 학생을 성장시킬 수 있을 것인가에 대한 본질적 질문을 던진다. 그동안 사용되

어나기 어렵다. 이미 학교교육은 '학교생활기록'을 상급 학교 전형 자료로 활용하면서부터 황폐해졌다. 학교는 교육을 위한 교육기관이 아니라 학생부를 기록 관리하기 위한 기관으로 변질했다는 비판을 받고 있다.

학생부 기록은 상급 학교^{대학} 입학 전형에서 핵심적인 자료가 된다. 진학이 절실한 학생들은 그런 기록에 사활을 걸어야 한다. 그 기록을 위한 경쟁에 가족, 인맥, 권력이 동원된다. 이렇게 경쟁이 첨예해지면 기록을 담당하는 교사나 학교는 합심하여 아이를 키우기보다 학생부 기록을 두고 서로 견제하며 시비하는 관계로 전락한다. 게다가 이때 '기록'이라는 것을 누구도 '사실 그대로'라고 믿지 않게 된다.

물론 학종에 대한 이런 비판만큼이나 정상적인 학교교육을 방해하는 수능의 문제점도 많다. 수능 과목 중심의 교육과정 구성, 학원 수업을 위해 수업 시간에 잠자는 아이들, 문제 풀이 중심의 수업, 학습 부진 학생에 대한 무시 등 익히 알고 있

어왔던 공교육 정상화라는 용어가 대입 선발의 결과 측면에 대해서만 관심을 갖고, 정작 교실 속의 문제에 대해 직접적으로 성찰하지 않고 외부 환경의 책임으로 회피해왔다는 문제의식도 함께 내포하고 있다. 국가 혹은 시도교육청이 제도나 시스템을 만들기 위한 공교육 정상화의 주체라고 한다면, 학교와 교사는 교실 속에서 이루어지는 교육활동에 관심을 갖는 교육과정 정상화의 주체가 되어야 한다"(전국시도교육감협의회 대입 제도개선연구단, 「고교학점제 실시에 따른 중장기 대입 개편 방안」, 『미래가 요구하는 대입 제도 개선 방안 연구』 2차 연구보고서, 2019).

는 문제들이다. 학종의 불투명성에 대한 저항으로 수능 확대를 주장하는 마음은 이해하지만, 그렇다고 수능으로 인한 이와 같은 학교교육 파괴를 그대로 받아들여야만 하는가?

다음 글로 계속 이어짐

26

대입 공정성,
새로운 담론을 향하여
(2020년 1월)

대입 공정성 논의에 대한 해체 작업이 우리에게 던져주는 문제의식은 다음의 두 가지로 정리할 수 있다. 첫째, 대입 제도의 게임에 몰두해 가출한 (대학) 교육의 본질적 의미가 무엇인지를 찾지 않고 있다. 둘째, 공정한 달리기 코스에만 집중하다 보니 불공정한 출발선의 현실을 외면하고 있다.

이로부터 우리 사회가 전개해야 하는 대입 공정성에 대한 새로운 담론의 방향성이 분명하게 드러난다. 교육적 관점의 견지와 불평등한 계층구조의 반영이 그것이다. 이러한 방향성을 반영하여 대입 공정성에 대한 필요한 담론을 두 가지로 펼쳐본다.

첫째, 교육적 관점에서 대입 공정성을 논의하자.

교육적 관점에서 대입 공정성을 논의하자는 제안은 새로운 이야기가 아니다. 교육의 모든 분야에서 '교육적 관점'이 필요하듯, 대입 공정성 문제에서 '교육적 관점'을 요구하는 것은 당연한 일이다. 그러나 기존의 대입 공정성 담론은 정치적·사회적 관점에 치우쳐 있었기 때문에 '교육적 관점'에서의 공정성 논의가 충분히 이루어지지 못했다. 종전의 대입 전형 공정성 논의는 교육 자체의 특성을 고려하지 않고 사회적 효용성과 정치적 타협과 균형이라는 가치를 추구하는 방식으로 이루어졌다고 할 수 있다.

교육적 관점이란 교육이 다른 어떤 부문의 수단이 아니라 그 자체로 본유의 목적과 가치를 지니고 있다는 입장이다. 대입 공정성에 대한 '교육적 관점'이 힘을 가지려면 어떻게 분배하는 것이 정의로운가(공정한가)라는 분배 정의의 일반 원칙에서 논의를 출발해야 한다. 분배 정의의 일반 원칙이라는 강력한 토대 위에서 대학 교육의 성격과 본질적 목적을 제대로 밝힐 때 대입 공정성에 대한 '교육적 관점'은 힘을 발휘할 수 있다. 전후 맥락 없는 무조건적인 '교육적 관점'의 요구는 자칫 분배 정의 원칙의 예외를 인정하라거나 교육계의 이기성이라는 왜곡된 인식으로 흐를 수 있다.

분배 정의의 기준으로 제시되는 원리는 크게 평등equality, 능력(또는 실력)merit, 필요need, 효용성efficiency 등 네 가지로 구분할 수 있다.

① 평등은 분배할 결과가 같아야 한다는 원리다. 모든 분배에서 나눈 결과가 똑같아야 한다는 주장이다. 근대 자본주의 사

회에서 보편적으로 받아들이기는 어렵지만, 평등을 지향하는 정책이나 실천은 기본적으로 동일한 배분을 겨냥하고 있다.

② 능력(실력)은 분배가 개인의 능력(실력)이나 기여에 따라 달라져야 한다는 원리다. 모든 사람의 능력이 같지 않다는 점에서 능력은 평등의 원리에서 벗어난 분배를 정당화하는 원리가 될 수 있다. 오늘날 자본주의 사회에서 불평등 상태를 정당화하는 주요 원리라 할 수 있다.

③ 필요는 지나치게 불평등한 상황이 만들어지지 않도록 견제해야 한다는 의도를 담고 있다. 능력의 원리와 같은 기제에 의해서 분배의 불평등이 심화할 때 그 심화가 개인의 '기본적인 필요'가 충족될 수 없는 지경에 이르지 않도록 해야 한다는 뜻을 담고 있다.

④ 효용은 사회적인 이익을 고려해야 한다는 원리다. 이는 불평등을 정당화하는 원리로, 모든 사람에게 똑같이 분배하는 것은 상대적으로 더 생산적인 개인의 동기와 의욕을 꺾음으로써 결국 사회 전체의 불이익을 초래한다고 본다. 이 점에서 평등하지 않게 배분하는 것이 효용을 증대시킨다고 본다.

이 네 가지의 원리를 어떻게 조합하느냐에 따라 각 사회의 모습은 다르게 나타날 수 있다. 대입 공정성 논의는 대입 제도에 국한되기보다 이러한 네 가지 원리의 조합에 따라 일반적인 교육 기회 배분의 공정성을 어떻게 추구하고 '교육 정의'를 실현할 것인가와 연계되어 시작되어야 한다. 왈저(Michael Walzer)가 『정의와 다원적 평등』에서 주장했듯이, 분배의 정의는 분배되는 '재화'의 성질에 따라 달리 규정되어야 한다. 교육 기회 분배의 공정함은 공직 분배의 공정함과 달라야 한다. 따라서 대입과 같은 교육 기회 분배의 정의는 교육이 무엇이며 그 의미를 충실하게 구현하는 길이 어디에 있는지를 함께 검토할 때 비로소 실현될 수 있다.

따라서 대입 공정성이라는 새로운 담론의 탐색에서 분배되는 대학 교육의 기회, 즉 대학 교육이 무엇인지 그리고 그 기회는 어떤 사람에게 가야 하는가에 대한 논의가 필요하다. '학종과 수능의 비율은 몇 퍼센트로 할 것인가', '학종의 투명성 확보 방안은 무엇인가' 등과 같은 질문으로 출발해서는 안 된다. 그 출발은 '대학 교육이라는 교육적 가치를 어떻게 분배할 것인가'라는 근원적 문제의식에서 다음과 같은 교육적인 질문으로 시작해야 한다.

- 대학 교육이란 무엇인가?
- 대학 교육 기회는 어떻게 분배해야 하는가(평등, 능력, 필요, 효용 등)?

둘째, 불평등한 계층 구조로부터 대입 공정성을 논의하자.

리브스(Richard Reeves)는 화제의 책 『20 vs 80의 사회』에서 미국

사회의 고착된 불평등 구조와 중상류층upper middle class의 위선적인 태도를 비판하고 있다. 교육 공정성(대입 공정성)과 관련하여 참고할 수 있는 몇 가지 지적을 정리하면 다음과 같다.

① 최상위 1퍼센트와 나머지 99퍼센트라는 기존 대결 구도의 프레임에 벗어나 상위 20퍼센트의 중상류층 중심으로 불평등 구조를 분석해야 한다.

② 현재의 불평등 지표들은 상위 20퍼센트와 나머지 80퍼센트 사이의 큰 격차를 드러내고 있으며, 그 격차는 더 커지고 있다. 이 불평등 구조를 유의미하게 분석하려면 '중상류층'이라는 프레임으로 바라보아야 한다. 중산층이라는 개념은 '편리한 허구'다.

③ 상위 20퍼센트인 중상류층의 규모와 그들이 집합적으로 가진 권력은 도시의 형태를 바꾸고 교육제도를 장악하고 노동시장을 변형시킬 수 있다. 또 중상류층은 공공 담론에도 막대한 영향을 미친다. 기자, 싱크 탱크 연구자, TV 프로듀서, 교수, 논객 등이 대부분 중상류층이기 때문이다.

④ 계급의 영속성에 기여하는 중요한 요인 중 하나가 '기회 사재기opportunity hoarding'다. 능력과 실력만 있으면 성공할 수 있을 것이라는 희망과 달리 성공의 기회는 상위 20퍼센트가 사재기하고 있다. 중상류층은 수단을 가리지 않고 교육, 대입, 인턴과 고소득 일자리 등 성공의 기회를 독차지하며 자신의 자

녀에게 사회적 지위를 물려주려 한다.

⑤ 중상류층은 기회를 사재기하며 '유리 바닥'을 만든다. 유리 바닥은 자녀 세대가 하위 계층으로 떨어지는 것을 막는 보호 수단이다. 기회 사재기와 이러한 사재기로 인해 만들어진 유리 바닥은 세대를 거쳐 계급 간의 분리를 영속시키고 불평등 문제를 악화시킨다.

리브스가 지적하는 미국 중상류층의 행태는 현재 우리 사회의 많은 사람이 체감하는 현실과도 유사하다. 자녀의 양육과 교육을 통해 인적 자본을 키우고, 이를 통해 고소득 전문직 일자리를 물려주려는 중상류층의 모습은 매우 익숙하다. 이러한 방식으로 격차는 확대되고 사회적 지위는 대물림된다. 그리고 이러한 모습은 가슴에 계층 간 낙인을 찍는 이른바 수저론으로 표현된다.

계층 간 불평등이 고착되는 이런 현실이 교육 공정성(대입 공정성) 논의에 던져주는 시사점은 무엇인가? 우선, 상위 20퍼센트에게 불평등한 세상을 만든 책임을 묻기 위해서 능력주의에 기반한 기회의 평등이 아니라 결과의 평등 담론을 강하게 요구할 수 있을 것이다. 교육 공정성(대입 공정성)에 대해 많은 사람이 '과정의 공정성만이라도'를 외치지만, 중하위 80퍼센트의 심연 깊은 곳에서는 결과가 공평해야 정말로 공정한 것이 아니냐고 울먹이고 있다.

하지만 현실은 그렇게 간단하지 않다. 특히 「배제의 법칙으로서의 입시제도: 사회적 계층 수준에 따른 대학 입시제도 인식 분석」(문정주, 최율)이라는 논문을 보면, 계층 간 갈등과 이해관계가 어떻게 대입 제도 문제에 복잡하게 투영되어 나타나는지를 볼 수 있다.

저자들은 대입 제도가 배제exception의 법칙을 통해 그 제도를 보다 자기 계층에 유리하게 변화시키려는 계층 간 전략 투쟁의 결과라고 주장한다. 이런 계층 간 투쟁의 결과 계층 의식이 상층일수록 대입 제도에 대한 이해 수준이 높게 나타났으며, 그 결과는 대입 제도의 담론 형성에서 계층 간 영향력의 차이가 존재할 수 있다고 주장한다. 따라서 대입 제도의 변화는 배제의 법칙과 능력주의의 가치가 함께 작동하는 복합적인 사회 구조적 압력으로 이해되어야 한다고 주장한다.

그렇다면 고착된 계층 간 불평등의 토대 위에서 논의되는 대입 공정성 문제는, 능력주의 기반의 대입 논의를 부정하기보다는 이러한 가치들을 인정하면서도* 복잡한 대입 제도의 지형을 구성하는 계층 간 배제의 속성도 동시에 고려해야 한다.

---

* 리브스는 능력 본위적 시장을 허용하되, 그와 동시에 시장이 인정하는 능력을 발달시킬 기회는 적극적으로 평준화하는 사회제도를 마련하자고 주장한다. 예를 들어 그는 어른에게는 능력 본위의 원칙이 적용되어야 하지만 아이들에게는 적용되지 않아야 한다고 주장한다.

대입 제도에 작용하는 계층 간 배제의 속성이 사실이라면 그 현실을 직시하고 대입의 공정성 문제에 접근해야 한다. 대입 공정성 논의에서 교육적 관점에 대한 서생書生적 문제의식과 함께 우리 현실에 놓여 있는 계층 간 배제 구조에 대한 상인商人적 현실감각이 필요한 것이다.

대입 공정성 문제에 대한 논의는 정치·사회적 논리가 아닌 교육적 논리로 이루어져야 한다. 교육에서의 '정의로운 차등'(조희연, 『태어난 집은 달라도 배우는 교육은 같아야 한다』)도 마찬가지다. 출발선의 불평등을 보정하기 위한 지역 균형 전형, 기회 균형 전형 등과 같은 적극적 우대 조치를 정치·사회적 차원의 특별 정책이 아니라 모든 학생은 '교육받을 권리'가 있다는 교육적 입장으로 간주해야 한다. '태어난 집은 달라도 배우는 교육은 같아야 한다'라는 주장도 불평등 해소를 위한 사회적 대책이 아니라 모든 학생에게 열려 있는 '교육 접근권'이라는 교육적 관점으로 이해해야 한다. 사회정책을 통해 교육 불평등을 해소하는 것이 아니라 원래 갖고 있는 교육적 의미의 철저한 적용을 통해 교육 공정성을 확보하고, 이러한 교육적 기제가 사회 부조리와 불평등을 개혁하는 견인차가 되어야 한다. 사회가 교육을 바꾸는 것이 아니라 교육이 사회를 바꾸는 주도적 역할을 해야 한다는 것이다.

애플Michael W. Apple은 『교육은 사회를 바꿀 수 있을까?』에서 "우리가 학교를 변혁의 중요한 지점으로 만들어가기 위해 경주하고 있는 노력이 정말로 가치가 있는 것일까"라고 묻는다. 그리고 이 질문에 냉소적으로 반응하는 모습을 되돌아보면서 위대한 교육자 선배들이 이와 같은 질문에 긍정적으로 답하기 위해 삶의 대부분을 바친 것을 상기시키고 있다. 그들은 교육의 역할이 단지 지배 관계를 재생산할 뿐만 아니라 지배 관계에 도전할 수 있다고 생각했다. 그들은 결코 냉소주의에 빠지지 않았다고 애플은 자랑스러워한다.

우리도 그래야 한다. 냉소주의에 빠지지 않는 교육적 견고함을 지녀야 한다.

27

"이 도끼가
네 도끼냐?"

(2020년 2월)

　　"이 도끼가 네 도끼냐?" 도끼를 연못에 빠뜨려 난감해하고 있는 나무꾼에게 산신령이 금도끼, 은도끼를 차례대로 가지고 나타나 이렇게 묻는다. 나무꾼이 아니라고 하자, 산신령은 마지막으로 쇠도끼를 가지고 나타나 같은 질문을 던진다. 나무꾼이 쇠도끼가 자기 도끼라고 대답하자 산신령은 정직한 나무꾼에게 금도끼와 은도끼를 함께 준다. 이게 우리가 알고 있는 『이솝 우화』의 금도끼 은도끼 이야기다.

　　그런데 지금 산신령이 금도끼를 들고 젊은이에게 나타나 "이 도끼가 네 도끼냐"라고 물을 때 아니라고 대답할 사람이 몇이나 될까? 금도끼가 내 것이라고 주장하면 안 되는가? 뜨거운 논쟁 중의 대입 공정성 문제가 이런 형편이다. '명문 대학 입학'이라는 금도끼를 얻으려는 전쟁에서 누가 나무꾼과 같은 정직함을 유지할 수 있을까?

　　여기에서 '명문 대학 입학'이라는 금도끼 문제는 '정직'이 아

교육과　───　교육학 사이

니라 '정의'의 문제로 전환된다. 정의란 '각자에게 각자의 몫을 주는 것'이다. 그렇다면 '명문 대학 입학'이라는 기회는 어떻게 배분되어야 정의로운 것일까? 어떤 기준으로 각자의 몫에 해당하는 '명문 대학 입학'이라는 보물을 나누어야 할까?

이러한 고민의 반추로서 세 권의 책이 생각난다. 우연히도 이 책들의 저자는 우리가 '대~한민국'을 외치며 월드컵에 열광했던 2002년에 생을 마감했다. 존 롤스John Rawls, 1921~2002, 로버트 노직Robert Nozick, 1938~2002, 마이클 영Michael Young, 1915~2002이다. 그들의 저서에서 대입 공정성 논의에 대한 시사점을 찾아보자.

롤스의 '공정한 절차에 따라서'

롤스는 1971년 『정의론A Theory of Justice』(황경식 옮김, 『사회정의론』)을 썼다. "사상 체계의 제1 덕목을 진리하고 한다면, 정의는 사회제도의 제1 덕목이다"라는 표현에서 보듯, 롤스에게 정의는 현대 사회가 추구해야 하는 필수적인 덕목이다.

정의에 대한 롤스의 천착은 자유와 평등이라는 인류의 원초적인 숙제를 어떻게 동시에 풀어낼 수 있을까 하는 고민에서 출발한다. 그가 보기에, 소득과 재산의 분배를 자연에 맡기는 사회는 정의롭지 못하며 어려운 처지에 있는 사람을 배려하는 사회가 정의롭다. 그래서 롤스는 사회적 약자를 고려하는 정의의 원칙을 제시하고 있다.

롤스가 정의의 원칙 수립에서 중요시하는 것은 절차적 공정성이다. 절차가 공정해야 정의로운 결과가 나올 수 있다는 것이다. 이를 설명하기 위해 그는 '순수 절차적 정의pure procedural justice'라는 개념을 도입하는데, 이는 정의에 대한 독립적인 기준은 없으나 공정한 절차나 규칙이 있어 그에 따르기만 하면 그 결과를 정의롭게 봐야 한다는 것이다. 어떤 특정 결과가 정의로운지는 알 수 없으나, 수행해야 할 공정한 절차를 통해 정의를 담보할 수 있다는 '공정으로서의 정의justice as fairness'를 말한다.

롤스는 이러한 사례를 도박으로 든다. 도박에 참여하는 사람들이 자발적으로 공정한 절차와 조건 아래서 도박을 했다면 그 결과가 어떻든 공정하다는 것이다. 롤스의 주장은, 어떤 특정 결과가 정의롭다는 독립된 기준보다는 공정한 절차가 만들어지고 그 절차대로 제대로 수행되었다면 그 결과에 정당성을 부여해야 한다는 것이다.

그런데 과연 절차의 공정성이 정의로운 결과를 보장할 수 있을까? 시장경제 체제에서 순수 절차적 정의만으로는 정의로운 결과가 나타날 수 없음을 우리는 목도하고 있다. 롤스도 시장이란 순수 절차적 정의의 체제가 될 수 없다는 점을 밝히고 있으며, 따라서 시장의 실패를 시정하기 위한 배경적 제도를 구축하려는 정의의 원칙을 제시하고 있다.

대입 공정성 문제에서 객관성·투명성을 요구하는 것은 이러한 절차의 공정성을 요구하는 것이라고 할 수 있다. 그런데 거의 완벽하게 객관적이고 투명한 대입 절차를 구축했다고 해서 (이게 가능한지는 별도의 문제로 하고), 그 결과가 어떻게 나오든 국민이 그 결과에 승복할 수 있을까? 절차가 공정했으니 내가 불합격한 것은 당연하다고 흔쾌히 받아들일 수 있을까?

노직의 '정당한 소유권에 따라서'

노직은 1974년 『아나키, 국가 그리고 유토피아Anarchy, State and Utopia』(남경희 옮김, 『아나키에서 유토피아로』)를 썼다. 이 책이 롤즈 '정의론'에 대한 비판적 성격을 갖고 있듯이, 하버드대 동료 교수였던 롤즈와 노직은 정의 문제로 뜨거운 논쟁을 벌였다.

우리는 정의로운 사회를 이야기할 때 어떤 정의로운 형태(결과)를 상정한다. 노직은 이런 정형적patterned 원리의 정의론을 부정하고, 역사적historical이고 비정형적unpatterned 원리로서의 소유권리론entitlement theory을 주장한다. 즉 정의의 기준으로서 일정하게 정형화된 정의의 결과를 상정하는 것이 아니라, 한 개인이 어떤 소유에 대한 정당한 권리를 가졌다면 정의롭다는 것이다. 이 원리에서 중요한 것은 개인이 자신의 소유에 대한 소정의 소유권리를 갖는지, 그리고 그 소유권리를 정당한 역사적 과정과 절차로 취득했는지다.

노직은 소유권리론을 농구 선수 월트 체임벌린의 사례로 설명한다. 미국 최고 인기의 농구 선수 체임벌린은 홈경기마다 입장권 가격의 25센트가 그의 몫이 되도록 계약한다. 홈경기가 열릴 때마다 관중은 입장료 중 25센트를 체임벌린의 이름이 붙은 별도의 상자에 집어넣는다. 한 시즌에 백만 명의 관중이 홈경기를 관전하며 체임벌린이 25만 달러의 수입을 얻는다고 가정하자. 체임벌린에게 이 수입에 대한 소유권리가 있는가? 이 새로운 분배 상태를 불의라고 할 수 있는가?

노직의 소유권리론에 따르면 체임벌린이 얻는 25만 달러는 관중의 자유로운 선택에 의한 결과이고 정당한 역사적 취득 과정을 거쳤기에 정의로운 분배다. 하지만 작은 자발적 행위들의 누적된 결과가 자유주의의 기획 자체를 침식하기에 이른다면 어떻게 할 것인가? 첫째 날 체임벌린에게 25센트가 주어진 것에 대해서는 불만이 없겠지만, 시즌이 끝난 후 그가 25만 달러를 벌었다는 사실을 알게 되었을 때도 같은 입장일까?

대입 공정성 문제도 마찬가지다. 체임벌린에게 25센트가 주어지는 것과 25만 달러가 주어지는 것에 대한 반응이 달라지듯, 대입 방식 자체가 아니라 각 방식이 가져오는 결과에 따라 공정성에 대한 태도가 달라질 수 있다. 학생부종합전형을 도입하는 초기에는 큰 불만이 없다가 주요 대학의 학종 비율이 70퍼센트 정도를 넘어서는 순간부터 커다란 저항이 나타나는 현실을 보고 있지 않은가?

영의 '각자의 능력실력에 따라서'

영은 1958년 『능력주의 사회의 부상The Rise of the Meritocracy, 1870-2033』(유강은 옮김, 『능력주의』)을 썼다. 영이 만들어낸 '능력주의 사회meritocracy'란 신분이나 재력과 같은 배경이 아니라 개인의 능력과 노력에 비례해 보상해주는 사회 시스템을 말한다.

그렇다면 무엇을 능력merit으로 보아야 할까? 영은 '지능intelligence과 노력effort'을 개인의 능력으로 보았다. IQ가 능력의 중요한 기준이 된다. 따라서 이러한 능력, 즉 지능에 따라 사회적 지위를 배분하는 것이 정의로운 사회다. 그런데 다음의 두 표현에서 볼 수 있듯이 능력주의 사회는 무너질 수밖에 없는 자체적 모순을 가지고 있다.

IQ가 125 이상인 모든 성인은 '능력 지배층'에 속한다. 그런데 IQ가 125 이상인 사람 중 상당수가 IQ 125 이상인 사람의 자녀다. 오늘날 지배층이 내일의 지배층을 낳는다. 예전 어느 때보다도 더 그렇다. 지배 계층은 사실상 세습되고 있다. 세습의 원칙과 능력의 원칙이 결합된 것이다. ……

사람들이 능력에 따라 구분되므로 불가피하게 계급 격차가 벌어진다. 높은 계급의 사람들은 더 이상 자기 의심이나 자기 비판으로 마음이 약해지지 않는다. 오늘날 성공적인 사람들은 그 성공이 자신의 능력과 노력, 그리고 누구도 부인할 수 없는 자신의 성취에 대한 정당한 보상임을 알고 있기 때문이다.

길게 설명하지 않아도 2020년을 사는 우리에게 실감 나는 모습이다. 리브스는 '오늘의 지배층이 내일의 지배층을 낳는다'라는 대목은 동류 짝짓기를 연상시킨다고 표현하고 있다 (『20 vs 80의 사회』). 능력주의 사회는 이런 모순과 갈등의 심화로 위기에 처한다. 결국 책의 후반부에서 영은 데모크라시를 다시 불러들이고 메리토크라시는 무너진다.

영은 능력주의 사회의 어두운 면을 경고하기 위해 이런 디스토피아 소설을 썼다. 그런데 그의 의도와는 달리 영국의 노동당 정부는 능력주의 사회의 구현을 정책 목표로 삼았고, 미국인은 능력주의를 대학 교육은 물론 아메리칸 드림의 이론적 기반으로 간주했다. 그래서 미국에서는 능력주의가 자랑스럽게 여겨지는 말이 되었고, 우리 사회에서도 "개천에서 용 난다"라는 표현이 말해주듯 긍정적 이미지로 받아들여졌다.

이런 역사적 맥락과 모순을 지닌 능력(실력)주의가 대입의 공정성을 가늠하는 합리적 기준이 될 수 있을까? '내 능력(실력)과 노력으로 명문 대학 입학이라는 금도끼를 얻었는데 왜 문제 삼는지 모르겠다'라는 불만이 있는가 하면, 그 반대편에서는 '그 능력이 순수한 너의 개인 능력인가'라는 의문을 던진다. 이렇게 능력의 의미와 형성 과정에 대한 상호 불인정 속에

교육과 ——— 교육학 사이

서 '배경보다는 개인의 능력과 노력만 반영되는 입시여야 한다'라는 주장이 실질적 힘을 발휘할 수 있을까?

이 세 가지 책에서 대입 공정성과 관련하여 얻을 수 있는 시사점은 무엇일까?

첫째, 능력(실력)주의 사회의 한계를 직시하자. 앞에서 살펴본 롤스의 공정한 절차, 노직의 정당한 권리, 영의 개인적 능력(실력) 중 우리 사회에서 주로 받아들여지고 있는 기준은 개인 능력이다. 그래서 대입 기회도 개인의 능력 중심으로 부여되어야 한다고 생각한다. 하지만 능력주의 사회라는 용어가 경고와 풍자의 의미로 만들어졌듯, 능력 중심주의 사회는 많은 모순을 갖고 있다. 박남기는 우리 사회에는 다음과 같은 실력주의에 대한 네 가지 신화가 있다고 주장한다(박남기, 『실력의 배신』).

① 실력주의 사회는 공정하고 바람직한 사회라는 믿음이다.
② 우리 사회는 실력주의 사회가 아니라는 믿음이다.
③ 학벌을 타파하면 실력주의 사회가 구현될 것이라는 믿음이다.
④ 실력주의 사회가 구현되면 우리가 꿈꾸는 공평한 세상이 될 것이라는 믿음이다.

그러나 능력_{실력}주의 사회에 대한 우리의 믿음은 신화요 오해라는 것이다. 가장 큰 오해는 '실력 형성 요인'에 있다. 실력이 부모나 다른 요인과 무관하게 개인의 노력으로 얻어진 결과이고, 또한 그럴 수 있다는 착각이 바로 그것이다. 이러한 착각 때문에 실력을 기준으로 사회적 지위와 재화를 배분하는 것이 공정하다고 생각한다.

현실 세계에서의 경쟁은 단순한 일회적 경주가 아니라 세대 간 릴레이 경주다. 대입에서 지역 균형 선발과 같은 적극적 우대 조치를 시행해도 효과가 제한적일 수밖에 없다. 우리 사회의 능력주의 사회 논쟁은 그것이 제대로 구현되지 않아서가 아니라 이러한 모순을 안고 있는 능력주의 사회의 그림자일 뿐이다.

둘째, 대입 공정성에 대한 절대적 기준의 환상에서 벗어나자. 롤스의 공정한 절차나 노직의 정당한 권리가 현실에서는 힘을 발휘할 수 없고 영의 능력주의도 우리가 기대하는 모습과 다르다면 다른 기준을 탐색해야 한다. 박남기가 '신실력주의'를 제시하는 것도 이런 시도의 하나다(『실력의 배신』).

그런데 여기서 근본적인 질문을 던져보자. 과연 현실적으로 모든 사람이 공감하는 대입의 공정한 원칙(기준)을 만들 수 있을까?

어느 교수가 쓴 신문의 글을 보면, 학생들에게 교양 수업에서 정시와 수시 중 어느 것이 더 공정한지 설명하라는 과제를 냈다고 한다. 백 명이 넘는 학생들의 결론은 명료했다고 한다. 본인이 입학한 과정이 더 공정하다는 것이었다.

이렇게 인식의 분열이 상존하는 가운데 대입 공정성을 담보할 수 있는 '절대적 기준을 만들라'는 요구는 합리적이라고 할 수 있을까?

게임의 세계와 현실의 세계는 다르다. 게임에서는 오늘 득점이 내일 경기에 영향을 미치지 않는다. 내일 다시 새로운 경기가 시작되기 때문이다. 하지만 현실의 재화 획득은 다르다. 현실의 게임은 어떤 의미에서 결코 끝나는 일이 없으며 패배자는 영원한 패배자로 남을 수도 있다. 이런 현실에서 공정한 대입에 대한 절대적 기준을 만든다는 것은 불가능에 가깝다. 기회균등의 원칙도 가족제도가 존재하는 한 불완전하게 이루어질 수밖에 없다.

대입 공정성에 대한 논의는 절대적 기준에 대한 창조적 관점이 아니라 구성적 관점에서 접근해야 한다. 모든 사람의 불만을 해소할 수 있는 절대적 기준을 왜 만들지 못하느냐고 채근해서 될 일이 아니다. 이 환상을 벗어나야만 구성적 논의를 시작할 수 있다.

셋째, 게임의 규칙을 넘어 바람직한 사회의 모습을 기획하자. 앞서 언급했듯이, 대입 공정성과 관련하여 우리 사회를 지배하는 담론은 능력(실력)주의다. 명문 대학에 합격한 사람은 그것이 자기의 능력(실력) 때문이라고 생각한다. 불합격한 사람은 불공정한 입시 시스템을 지적하기도 하지만, 기본적으로 자신의 능력과 노력 부족을 인정하려 한다. 그래서 능력 겨루기 게임에 지속적으로 참여한다. 그리고 자신에게 유리한 게임의 규칙을 만들기 위해 지속적으로 투쟁한다.

이런 꼬리물기식 능력주의 게임의 가장 큰 문제점은, 우리가 추구하는 바람직한 사회가 무엇인가에 대한 윤리적 기획력을 상실했다는 것이다. 어떤 이즘(주의)을 주장할 때 가장 중요한 것은 그 사상이 어떤 사회를 추구하느냐는 것이다. 휴머니즘이 그렇고 자유주의와 민주주의가 그렇다. 그런데 우리 사회의 지배 담론인 능력주의에는 그것이 없다. 추구하는 바람직한 사회 모습에 대한 기획 없이 공정한 게임 규칙 만들기의 알고리즘으로만 기능하고 있을 뿐이다.

이제 대입 공정성에 대한 논의는 방법론 찾기가 아닌 기획력 회복으로부터 출발해야 한다. 공정한 게임 규칙 만들기가 아닌, 우리가 꿈꾸는 바람직한 사회가 무엇인지에 대한 기획으로부터 시작해야 한다. 그 기획을 통해 우리 교육과 대학은 어떠해야 하고, 그것을 실현하기 위해 대학 교육 기회는 어떻게 분배되어야 하는가의 방식으로 논의가 전개되어야 한다.

이런 바람직한 사회에 대한 기획으로부터 출발할 때 "이 도끼가 네 도끼냐"는 산신령의 선택 요구에 대해 우리는 다음과 같이 반문할 수 있을 것이다. "신령님, 금도끼·은도끼, 그게 말이 됩니까? 쇠도끼가 진짜 도끼 아닙니까?"

28

교육부와 코로나19,
대책은 있어도 정책은 없었다

(2020년 10월)

        이번 추석은 만찬이 아니라 반성의 시간이었다. 지난 반년 동안 코로나19의 재난 속에서 우리 교육이 대응한 내용들에 대해 시간을 갖고 되돌아보았다.

    코로나19는 교육부를 바쁘게 만들었다. 학교와 교사를 어쩔 줄 모르게 만들었고 학생과 학부모를 애타게 했다. 이런 상황에서 교육부는 바쁘게 움직였다. 교육부 홈페이지의 보도자료 코너를 보니 코로나19와 관련해 2월부터 8월까지 7개월간 100개에 가까운 보도자료가 탑재되어 있다. 약 2.2일당 한 번꼴로 코로나19 대책을 쏟아낸 것이다. 보도자료 없이도 수시로 내려보낸 공문이 많고, 거기에다 교육부가 아닌 교육청의 수많은 대책과 지침까지 합친다면 최종적으로 학교는 얼마나 많은 요구를 감당해야 했을까?

    대책과 공문을 남발했다고 비판하는 것이 아니다. 교육부는 나름대로 취할 수 있는 여러 가지 방안을 강구했다. 수시로 대책이 나왔고 장관을 비롯한 관계자들의 학교 현장 방문 모습이 수시로 미디어에 등장했다. 일단 교육부가 쉬지 않고 바쁘게 움직이고 있다는 모습은 읽을 수 있었다. 그렇지만 교육부의 대응 모습에는 다음과 같은 몇 가지 아쉬움이 남는다.

첫째, 장기적이고 종합적인 플랜이 없었다. 한마디로 코로나19라는 사태를 맞아 교육부가 내놓은 것은 교육정책이라기보다는 대책이었다. 교육정책은 현재와 미래에 대한 차분한 분석을 토대로 목표, 수단, 성과 등에 대한 체계적인 그림이 제시되어야 한다. 그러나 교육부의 대응은 전체 그림 중 어느 부분이 부족할 때마다 보충하는 보완 작업(대책)의 연속이었을 뿐, 제대로 된 그림 전체(정책)를 보여주지 못했다. 그래서 지금까지의 교육부의 대응을 정책이라 부르지 못하고 대책이라고 할 수밖에 없는 것이다. 물론 시시각각으로 조여오는 코로나19의 위기 속에서 사안별로 신속한 대책들이 필요했다. 그 대책들이 무의미하다는 것이 아니라 각각의 대책이 어떤 방향성이라는 큰 흐름 속에서 전개되는지 국민이 알 수 없었다는 것이다.

예를 들어 언제 개학할 것인가의 문제를 놓고 온 국민은 서로 다른 입장에서 고민하고 논쟁했다. 교육부는 감염병에 대한 종합적인 미래 예측, 이를 반영한 등교 개학에 대한 원칙, 그리고 등교 개학이 늦어지는 경우를 대비한 장기적인 원격교육 대책 등을 미리 준비했어야 한다. 개학을 언제 할 것인지가 중요한 것이 아니라 언제든지 개학하더라도 정상적인 학사 운영이 가능한 종합적인 방향과 지침을 마련했어야 한다. 이것이 교육정책이다.

그런데 감염병의 추이만 보고 있었다. 그에 따라 등교 개학일이 늦춰지고, 그것마저도 감염병의 추이에 따라 또 연기되는 사태가 반복되었다. 교육부는 지속적으로 대책을 내놓았지만, 교사와 학생과 학부모는 긴 호흡의 방향성을 알지 못해 혼란스러웠다. 또 사전 준비 없이 요구된 원격 수업 앞에서 교사들은 허둥지둥댈 수밖에 없었다.

둘째, 기존의 교육 패러다임을 고수하려고 했다. 코로나19는 모든 것이 바뀌어야 한다고 말한다. 패러다임의 변화가 당연한 것처럼 여겨진다. 교육부도 그 요구를 인식하고 있기에 변화의 요구를 반영하려는 의지도 보였다.

예를 들어 3월 초 「2020년 교육부 업무계획 보도자료」의 헤드라인은 "확실한 변화, 대한민국 2020! 국민이 체감하는 교육 혁신, 미래를 주도하는 인재 양성"이다. 변화·혁신·미래라는 단어들에서 변화 요구에의 호응을 읽을 수 있다. "교육부는 2020년 교육 현장에서 변화다운 변화를 만들고 ……"라는 수사修辭에서 변화를 위한 결연한 의지가 보이기도 한다.

그런데 당장 코로나19에 대한 대응을 보면 그 화려한 수사만큼 실질적인 변화의 모습을 볼 수 없었다. 건강이 우선이기에 개학을 서두르지 말자거나 수능일도 늦출 수 있는 것이 아니냐는 요구도 있었다. 이에 대해 교육부는 법정 수업일수 및 대입 일정 때문에 어쩔 수 없다는 입장이었다. 그러나 수업일수와 수능 일정이 절대 불변의 규칙인가? 오죽하면 한 토론회에서 "입시 일정, 법정 수업일수, 내신 평가 등은 절대 상수인가"라는 질문이 나올 정도였다.

이번 코로나19는 일시적인 사고事故라기보다는 정상 사고 normal accidents다. 즉 상호작용의 복잡성과 긴밀한 연계성이라는 세계 체제적 속성에 따라 불가피하게 발생한 사건이다. 문제는 이런 체제적 속성이 지속되는 한 유사한 사태는 반복될 수밖에 없다는 점이다.

따라서 코로나19 사태가 일회성으로 끝날 것이라면 입시 일정, 법정 수업일수, 내신 평가 등의 원칙은 그대로 고집해야겠지만, 지속적으로 예견되는 것이라면 고집해야 할 절대 상수가 아니라 융통성 있게 풀어야 할 변수가 되는 것이다. 그런데 지금까지 교육부는 그것에 대한 깊은 고민을 보여주지 못했다. 기존의 패러다임을 벗어나지 못하고 고수하려 했다.

셋째, 교육수요자가 관람자요 수혜자의 모습이었다. 교육정책의 최종 종착지는 학생이다. 따라서 교육정책의 수립은 학생에게 그 정책이 전달되었을 때의 결과를 생각해야 한다. 그리고 그 정책을 효과적으로 전달하려는 방법이 체계적으로 강구되어야 한다. 따라서 정책 기획서마다 정책의 목표가 맨 앞에서 제시되고, 그것을 구현하기 위한 주요 방침들이 만들어진다. 그리고 마지막에 가서는 그 정책들이 잘 적용되었을 때 나타날 수 있는 기대 효과가 희망적으로 그려지고 있다. 그 희망이 현실이 되기 위해서는 교육정책이 최종 수요자인 학생과 학부모, 그 정책을 수행하는 교사와 학교에 대한 정확한 이해와 배려가 있어야 한다.

그런데 이번 코로나19 대책에서는 그렇지 못했다. 교사·학생·학부모는 철저하게 관람자요 수혜자의 입장이었다. 전염병 추이에 따라 어떻게 해야 하는지 교육부의 지침만 기다리고 있었다. 지침이 늦어지면 왜 이리 늦어지느냐, 그리고 지침이 구체적이지 못하느냐고 따졌다. 원격 수업이 확대되면서 디지털 기기가 부족하다고 하여 교육부와 교육청은 기기 공급을 위해 또 땀을 흘려야 했다. 교육 자치, 학교 자치를 외치는 시대에 오히려 세세한 것 하나까지 교육부나 교육청에 더 매달리는 수혜자의 모습이었다.

이것은 일차적으로 단위 학교에서 문제를 해결하려는 노력 부족에서 나온 결과로 여길 수도 있지만, 기본적으로 단위 학교가 자율적이고 독립적인 학교 경영을 해본 경험이 부족했기 때문이기도 하다. 그것은 그만큼 교육부나 교육청이 단위학교에 실질적이고 자율적인 학교 운영권을 부여하지 않았다는 반중이기도 한다.

개학, 원격 수업, 평가 등의 학사 운영 등에 기본적인 원칙만 주고 대폭적인 자율권을 부여하여 학교가 자체적으로 판단하여 시행하게 했다면, 코로나19 대책에 필요한 추가 예산을 학교에 통합 일괄 배부하고 학교가 자율적으로 집행하게 했다면, 그리고 교육부는 학교의 능력으로는 취약한 방역 대책에 더 집중했더라면 어땠을까.

우리는 학교 혁신을 이야기할 때마다 학교와 교사가 혁신의 주체가 되어야지 혁신의 대상이 되지 말자고 한다. 그런데 이번에도 교육과정 운영의 주체가 아니라 대상이 되었다. 교육부가 묶어놓은 지침의 굴레 안에서 학교는 주어지는 지침을 따라 할 수밖에 없었다.

『학교 없는 교육 개혁』(데이빗 타이악, 래리 큐반)에서는 왜 외부인이 제안한 혁신은 대부분 단명했을까를 묻고, 그 주된 원인은 학교를 하나의 복합적인 기관으로 이해하지 못하거나 교사들의 문화를 통찰하지 못했기 때문이라고 지적했다. 그냥 학교를 '요술 고무silly putty로 이루어진 곳'으로 판단하여 학교에 관한 정책을 쉽게 만들 수 있다고 여겼다는 것이다. 학교는 요술 고무가 아니라는 것을 다시 한번 살펴주었으면 좋겠다.

어려움 속에서도 우리 모두 열심히 교육했다. 교육부와 교육청도 나름대로 최선을 다했다. 중요한 것은, 대책뿐만 아니라 정책도 세우자는 것이다. 미래의 큰 그림을 그려달라는 것이다. 무조건 따라오라고 할 것이 아니라 무엇을 위해 어디로 가고 있는지 제시해달라는 이야기다.

이러한 큰 그림(정책)을 수립하기 위해 참고할 만한 의견은 없을까? 서점의 한쪽에 무더기로 전시된 미래 관련 서적만큼이나 참고자료는 너무도 많다. 그중 하나, 아마존 대표 베이조스Jeff Bezos가 제시한 "첫날 정신을 지키기 위한 필수 요소"라는 항목의 네 가지 기업 운영 지침이 눈에 들어온다(헤먼트 타네자, 케빈 매이니, 『언스케일』). 네 가지 지침 중 교육정책에서 시사점을 줄 수 있는 세 가지를 정리하면 다음과 같다.

① 고객에 대한 진정한 집착. 탈규모화 시대에 성공하는 제품은 고객 1인에게 1인 시장 같은 느낌을 준다. 그러기 위해서는 고객을 깊이 알아야 하고, 아무리 작더라도 특정 수요에 완전하게 대응하는 제품을 만들어야 한다. 대기업은 대개 그러지 못한다.

② 부차적 요소에 저항하는 것. 규모화된 기업은 중요치 않은 일들을 관리하는 데 매몰되기 쉽다. 절차가 하나의 예다. 절차를 지키는 것이 주가 되는 경우가 너무 많다. 그래서 결과를 살피지 않고 그저 절차만 밟으려고 애쓴다.

③ 외부의 추세를 받아들이는 것. 큰 추세는 포착하기 그리 어렵지 않다. 그러나 이상하게도 대규모 조직에서는 받아들이기 어려운

경우가 많다. 가령 신문사들은 인터넷 시대가 임박했음을 알고도 매우 늦게까지도 온라인으로 나아가지 않았다.

이 세 가지 기업 운영 지침을 교육정책 수립과 추진 과정에 다음과 같이 스며들게 해보자.

첫째, '고객에 대한 진정한 집착'이다. 우리에게 고객은 학생과 학부모다. 그런데 아직도 우리는 고객 대접을 제대로 하지 않고 있다. 심하게 말해서 교육부와 교육청, 학교가 특별히 노력하지 않아도 학생이 학교에 나올 수밖에 없는 구조다. 그러다 보니 우리의 정책 결정은 언제나 공급자 중심이다. 거창한 기획서의 주요 방침에는 '학생과 학부모의 의견을 적극 반영하여', '학교 현장으로부터의 bottom up'이라는 단어가 표준어처럼 등장한다. 하지만 실제 세부 내용 및 집행 과정을 보면 공급자 중심이다.

학생과 학부모, 더 나아가 교사가 진정으로 원하는 것이 무엇인지 알아야 한다. 필요로 하는 것이 무엇인지 알아야 한다. 정책 담당자의 기획 능력보다는 철저한 현장 이해가 필요하다. 좋은 정책은 고객인 학생과 학부모 그리고 교사와의 많은 대화 및 경험으로부터 나온다. 우리가 절실하게 요구하는 것은 정책 담당자의 창의성이 아니라 고객에 대한 '진정한 집착'이다.

둘째, '부차적 요소에 저항하는 것'이다. 현실적으로 교육부나 교육청의 정책 담당자에게 부차적 요소는 늘어만 간다. 요구 사항이 많아질수록 교육부와 교육청의 조직은 점점 커지기 때문이다. 조직이 커지다 보면 절차가 복잡해질 수밖에 없고, 부서별·개인별 자율성은 줄어들 수밖에 없다. 조직 사회에서 점점 개인은 책임지지 않으려 하고 윗사람에 대한 보고와 절차에 많은 시간을 쏟는다. 당장 고객(교육 수요자)에 대한 지원보다 보고자료나 홍보용 보도자료 작성에 힘을 기울이는 경우가 많다.

이런 부차적 요소에 과감히 저항해야 한다. 저항은 거부나 반항을 말하는 것이 아니다. 교육 수요자를 향한 본질적 고민이나 접근에 방해가 되는 비본질적이고 부수적인 것들에 대한 관여를 대폭 줄이고 없애자는 것이다. 교사가 수업이나 생활지도에 전념하기 위해 쓸데없는 일은 줄이자는 '교원 업무 정상화'도 이런 의미로 시작한 것이다. 상급자가 자신의 권위를 스스로 내려놓기 어렵고 하급자가 불필요하다고 여기는 절차를 쉽게 버릴 수 없는 것이 우리의 현실이다. 하지만 우리가 '고객에 대한 진정한 집착'을 가지고 있다면, 정책 담당자가 진정으로 염두에 두어야 할 대상은 보고 대상자가 아니라 학생과 학부모 그리고 교사다.

셋째, '외부의 추세를 받아들이는 것'이다. 외부의 추세를 받아들이자는 것은 새로운 이야기가 아니다. 더 이상의 긴 설명이 필요 없이 너무도 당연하고 많은 사람이 그렇게 해야 한다고 말한다. 외부 추세와 세상의 미래가 어떻게 돌아갈 것인지에 대해서는 많은 석학이 도움말을 주고자 경쟁한다. 열린 마음으로 외부의 추세를 적극적으로 받아들이려고만 한다면, 우리에게 무언가를 주고자 하는 사람은 많다. 포스트post 코로나19를 넘어 위드with 코로나19 시대에 부합하는 교육정책 수립에서 외부의 많은 원군이 우리를 기다리고 있다. 우리가 그 원군들을 인정하기만 하면 된다.

이번 추석에 가수 나훈아는 '테스형'을 소환하여 "그저 와준 오늘이 고맙기만 하여도 죽어도 오고 마는 또 내일이 두렵다"라고 삶의 어려움을 내뱉었다. 내일이 두려운 것은 감당해야 할 삶의 무게가 과중하기 때문이기도 하지만, 내일 무엇을 해야 할지 무슨 일이 일어날지 모를 때 더 두려운 것이 아닐까? 우리에게 교육 대책도 필요하지만 내일을 예상할 수 있는 교육정책이 시급한 이유가 여기에 있다.

29

맞춤형 교육에서
주문형으로
(2021년 2월)

섭섭한 졸업식을 마쳤다. 지금까지 볼 수 없었던 썰렁한 졸업식이다. 1·2학년 후배도 없고 학부모님도 없다. 3학년 졸업생만이 각자 반에 앉아서 방송으로 졸업식을 했다. 그래도 졸업식 하면 빠질 수 없는 것이 시상이다. 그중에서도 학교장상을 비롯한 특별상은 전체 학생 앞에서 개별적으로 시상하는 것이 전형적인 모습이다. 그런데 이번에는 강당에 전체 학생이 모이지 못하니 그럴 수도 없었다. 고민 끝에 교장이 각 학급으로 찾아가서 전체 학급원 앞에서 특별상을 수여하는 '찾아가는 시상'을 하기로 했다.

내가 각 반으로 찾아가 특별상을 시상하고, 아이들에게 손을 흔들면서 아쉬운 이별을 고했다. 코로나19의 훼방으로 인해 만들어진 새로운 형식의 '찾아가는 시상'. 여기서 핵심은 상 받는 학생들을 한곳으로 모이게 하는 것이 아니라 그들을 찾아간다는 데 있다.

교육과 ——— 교육학 사이

'찾아가는 ~'이라는 단어가 왠지 익숙하다. 근래 다양한 교육 활동을 전개하면서 활동명 앞에 '찾아가는'이라는 단어가 종종 사용된다. 올해 교육부(청)에서 나온 신학년도 각종 계획을 살펴보니 '학교로 찾아가는', '학교가 선택하는', '찾아가는 학부모 교육' 등이 어김없이 등장한다. 그리고 이런 의미와 유사하다고 할 수 있는 '맞춤형'이라는 단어도 자주 등장한다. '학생 맞춤형', '교원 맞춤형', '현장 맞춤형' 등.

그렇다면 '찾아가는', 더 포괄적으로 '맞춤형'이라는 말은 교육 활동에서 어떤 의미를 지니는 것일까? 너무 상식적인 용어라서 듣자마자 그 단어가 주는 방향성을 읽을 수 있지만, 맞춤형이라는 용어로 전개되는 교육 활동의 타당성을 살펴본다는 측면에서 한번쯤의 점검이 필요하다. 내가 볼 때 교육부(청)의 문건에서 사용되는 맞춤형 교육의 의미는 다음과 같은 두 가지 형태를 말하는 것 같다.

첫째는, 공급자 중심이 아니라 수요자 중심의 교육 활동이라는 것이다. 학교교육 활동에서 교사는 공급자요 학생은 수요자다. 맞춤형 교육이란 수요자인 학생이 원하거나 필요로 하는 내용과 방식으로 교육이 제공되는 것을 말한다. 교사가 일방적으로 정한 교육 내용과 방법은 맞춤형 교육이 아니다. 따라서 여기서 중요한 것은, 학생이 원하는 것이 무엇인지, 학생에게 실질적으로 필요한 내용과 방식이 무엇인지에 대한 면밀한 검토다. 이것은 교육청과 학교의 관계에도 그대로 적용된다. 교육청에서 각종 교육 계획을 수립할 때 교육 수요자인 단위 학교의 요구를 실질적으로 파악하고 적극적으로 반영해준다는 의미다.

둘째는, 교육 수요자에게 제공되는 교육 내용과 방식이 다양하다는 것이다. 맞춤형 교육이 수요자의 요구를 반영하는 것이라면 그 요구는 다양할 수밖에 없고, 그 요구에 부응하기 위해 교육 서비스도 다양한 방식으로 제공되어야 한다. 극단적으로 말하면, 교사는 자신이 담당하는 학생 수만큼의 다양한 교육 방식을 준비해야 한다. 마찬가지로 교육청은 단위 학교 수만큼의 다양한 지원 대책을 준비해야 한다. 물론 이렇게까지 완벽하게 갖춘다는 것은 현실적으로 불가능하다. 중요한 것은, 맞춤형 교육의 핵심이 표준화된 교육 활동이 아니라 개별화된 교육 활동에 있다는 점이다. 교사와 교육청은 얼마나 개별화할 수 있는가를 염두에 두고 맞춤형 교육을 준비해야 한다는 의미다.

이런 두 가지 의미에서 볼 때, 교육청에서 발표하는 각종 계획서의 '맞춤형 ~'이라는 방향성이 학교 현장에서 제대로 구현되고 있을까? 나는 데카르트적 심정으로 여기에 강한 의문을 품는다.

먼저, 맞춤식 교육이 수요자 중심의 교육이라는 첫 번째 의미에서 볼 때 학교는 정말로 학생의 요구를 반영하여 교육 서비스를 제공하는가? 학생의 요구를 적극적으로 반영한다고 하지만, 실제로 교육내용과 방식의 결정이 공급자인 학교(교사)의 현실로부터 출발하고 있지 않은가? 정말로 학생의 바람과 요구를 가감 없이 반영하고 있는가? 예를 들어 보자. 기초학력 부진 학생 지원을 위한 대책이 부단히 이어지고 있다. 이때 학생의 부진 요인에 대한 심층 진단의 필요성을 인식하면서 이에 대한 방안도 준비하고 있다. 그러한 노력을 인정하면서도 던져보는 질문이 있다. 그 진단은 공급자가 세운 기준에 비추어 학생의 현재 상태를 진단하는 것이지, 그 학생의 요구에 관한 분석은 아니지 않는가? 수많은 대책이 이어지는데도 소기의 목적을 달성하지 못하는 것은 학생들의 요구와 바람을 제대로 반영하지 못하기 때문은 아닌가?

다음으로, 맞춤식 교육의 두 번째 의미인 개별화 교육에서는 더 큰 어려움과 문제 상황을 만나게 된다. 교육 수요자의 요구를 반영하겠다는 것은 단순한 의지의 문제가 아니라 개별화 교육을 위한 충분한 시스템과 물량 구축이라는 현실적인 과제를 해결해야 가능한 문제이기 때문이다. 그러나 개별화 교육은 피할 수 없는 미래 교육의 방향이다. 우리가 문맥으로 개별화 교육을 지향하는 '맞춤형 교육'을 주창하면서도, 언제까지나 현실적인 이유를 들어 주저할 수는 없다.

『언스케일』의 저자는(헤먼트 타네자, 케빈 매이니), 탈규모화 unscaled 사회에서는 학교가 큰 건물에 나이가 다양한 아이들을 모아놓은 관료적 조직이 아니라 더 작고, 더 개인적이고, 더 맞춤화된 커뮤니티가 될 것이라고 말한다. 체제가 사람에 맞춰야 하며, 따라서 교육과정이 표준화에서 개별화로 나아가야 한다고 말한다. 인공지능 등 새로운 기술이 개인별 맞춤 학습을 가능케 한다는 희망적인 전망을 내놓기도 한다. 이에 따라 기업들은 학생들을 찾아가서 교육을 제공하는 주문형 서비스 교육이 증가할 것이라고 예상한다.

'맞춤형 교육'이라는 표현이 지향하는 의미와 실제 현장 적용에서의 괴리로 혼란을 준다면, 아예 공격적으로 '주문형 교육'이라는 용어를 사용하는 것은 어떨까? 주문형이라는 말에는 수요자가 요구하는 대로 그리고 개별적으로 제공한다는 의미가 분명하게 드러난다. 공급자의 현실과 표준화된 설계가 우선시되는 어떤 교육 서비스도 주문형이라는 말을 사용할 수는 없다.

이런 '주문형 교육' 방식으로의 사고 전환은 주문형 시대를 살아가는 우리의 생활양식에도 부합한다. 코로나19가 아니더라도, 이제 우리는 주문형 사회에 살고 있다. 먹는 것을 비롯해 생활에 필요한 모든 것이 공급자 중심이 아니라 수요자 중심인 주문형 시대다. 교육도 마찬가지다. 특히 코로나19로 인한 원격 수업의 등장은 주문형 교육을 확대할 수 있는 새로운 기회이기도 하다. 원격 수업은 단순한 대면 수업의 대체가 아니다. 원격 수업은 대면 수업에서는 달성하기 어려운, 학생들의 주문에 따라 다양한 수업 콘텐츠를 제작할 수 있는 동력을 마련하는 계기가 될 수도 있다.

주문형 교육으로의 개념 전환을 생각해보니 졸업식의 '찾아가는 시상'도 주문형으로 하면 어떨까 하는 생각이 갑자기 떠오른다. 각 반으로 찾아가는 형식은 맞춤식 수준에 부합하는 방식이다. 학교의 수상 기준에 의해 학교에서 제작한 특별상을 각 학급으로 찾아가 제공하는 수준에서의 맞춤식이다. 학생이 스스로 원하거나 요구한 상도 아니고 모든 학생에게 주어지는 상도 아니다.

파격적으로 학생들이 고교 3년 동안 자신의 생활을 되돌아보면서 자기 자신에게 수여하는 상장의 명칭과 문구를 스스로 만들고 학교장 이름으로 제작해주면 어떨까? 그야말로 수요자인 학생이 주문형으로 제작한 상장이다. 수요자의 요구대로 만들었고, 모든 학생에게 주어지는 것이기에 그야말로 명실상부한 주문형 상장이요, 주문형 시상이요, 주문형 교육이다.

30

된 사람은
어디 있나요?

(2021년 7월)

교육부·국가교육회의는 공동으로 2022 개정 교육과정 작업 중 국민의 의견을 듣기 위한 설문 조사를 실시했다. 설문은 교육의 가치와 방향, 교육과정 운영 및 지원 방향 등 전체 15개의 문항으로 구성되었고, 5월 17일부터 6월 17일까지 한 달 동안 진행되었다. 교육부에 따르면 총 10만 1,214명이 설문에 참여했다. 나도 참여했다. 그중에서 추구해야 할 교육의 가치와 방향에 해당하는 세 문항(1번, 2번, 7번 문항)의 내용 및 설문 결과를 살펴보자.

〈문1〉 사회의 다양한 변화를 고려할 때, 우리나라 교육의 지향점과 가치는 무엇이 되어야 한다고 생각하십니까? 중요하다고 생각하는 순서대로 1순위와 2순위를 각각 선택해주세요.

- 책임 있는 시민으로서의 성장 (설문 결과 3위 : 15.6%)
- 학습에 대한 지속적인 흥미와 동기

- 공동체 구성원의 다양성 인정

- 국가에 이바지할 인재 육성

- 상급학교 진학을 위한 준비

- 개인과 사회 공동의 행복 추구 (설문 결과 1위: 20.9%)

- 공정한 교육 기회

- 학생 한 명 한 명의 존엄성

- 자기 정체성을 바탕으로 한 자기 주도적 학습 (설문 결과 2위: 15.9%)

〈문2〉 다음은 2022 개정 교육과정의 미래 인재상과 관련된 주요 단어를 제시한 것입니다. 중요하다고 생각하는 순서대로 1순위와 2순위를 각각 선택해주세요.

- 융합

- 혁신

- 창의 (설문 결과 3위: 15.2%)

- 주도성

- 문제해결

- 배려 (설문 결과 1위: 22.4%)

- 포용

- 책임감 (설문 결과 2위: 19.3%)

〈문7〉 초·중·고등학교에서 현재보다 더 강화되어야 할 교육은 무엇이라고 생각하십니까? 중요하다고 생각하는 순서대로 1순위와 2순위를 각각 선택해주세요.

- 안전, 건강 관련 교육
- 디지털 리터러시 교육(디지털 소양 교육)
- 인성 교육 (설문 결과 1위: 36.3%)
- 인공지능^AI, 소프트웨어 교육
- 민주시민 교육
- 진로, 직업 교육 (설문 결과 3위: 15.2%)
- 기후환경 변화 등 생태 전환 교육
- 글쓰기, 독서, 철학 등 인문학적 소양 교육 (설문 결과 2위: 20.3%)
- 수학, 과학 교육

설문 결과가 말해주는 것은 무엇일까? 우리 교육의 지향점과 가치로서 개인과 사회 공동의 행복 추구, 책임 있는 시민으로서의 성장이 중요한 것으로 선택되었다. 미래 인재상과 관련해서는 배려와 책임감이라는 단어가 1, 2위로 선택되었다. 그리고 초·중·고등학교에서 현재보다 더 강화되어야 할 교육으로는 인성 교육과 인문학적 소양 교육이 1, 2위로 선택되었다. 1, 2, 7번 문항의 설문 결과를 종합해볼 때 우리 국민이 미래의 교육과정에서 가장 요구하는 것은 바로 인성 교육이다.

예상된 결과일까, 아니면 의외의 결과일까? 평소 인성 교육의 중요성을 강조하던 나였기에 이 결과에 반색하면서도 한편으로는 걱정이 되기도 한다. 많은 사람이 인성 교육의 중요성을 공감하면서도 인성 교육의 의미와 방법에 관해 한목소리를 내기보다는 서로 다른 주장을 펼치며 경쟁하고 있기 때문이다. 과연 인성 교육에 1위 표를 던진 36.3퍼센트의 국민은 각자 인성 교육의 의미를 무엇으로 이해하고 있을까? 그리고 인성교육의 방법으로 어떤 것을 생각하고 있을까? 인성 교육의 의미와 상통하는 '민주시민 교육'이 같은 설문 문항의 선택지에 있으면서도 많이 선택받지 못한 것은 왜일까?

이런 질문을 던지면서 문득 생각난 것이 예전 중학교 도덕 교과서에 등장했던 '난 사람, 든 사람, 된 사람'의 이야기다. 말 그대로 '난 사람'은 명예와 권력을 얻어 사회적으로 출세한 사람을 말하고, '든 사람'은 공부를 많이 해서 아는 것이 많은 전문가를 말한다. 그리고 '된 사람'은 훌륭한 인격을 갖추고 인간미가 넘치는 착한 사람을 말한다. 인성 교육(도덕·윤리 교육)을 통해서 달성하고자 하는 인간상이 바로 '된 사람'이다.

그런데 언제부터인가 인성 교육(도덕·윤리 교육)에서 이러한 된 사람에 관한 이야기가 슬며시 사라져버렸다. 바로 합리주의적 도덕 교육론이 득세하면서다. 합리주의적 도덕 교육론에서는 학생에게 주입식 덕목 교육이 아니라, 학생이 도덕적 문제에 대해 '고민하게' 하거나 행동의 이유를 '비판적으로 검토하게' 하는 것을 강조한다. 이에 따라 도덕·윤리 교과서나 인성 교육 교재를 보면 '○○ 덕목을 갖춘 ○○ 사람이 되라'보다는 도덕적 갈등(딜레마) 상황을 부여하고 '어떻게 행동할 것인가'를 묻는 내용이 주류를 이룬다.

이런 합리주의적 도덕 교육론의 등장은 칸트로 대표되는 의무론적 윤리학과 공리주의로 대표되는 결과론적 윤리학이라는 서양 근대 윤리학의 합리주의적 사고로부터 출발한다. 특히 칸트는 무엇이 옳은 행위인가 그리고 우리의 행동은 어떻게 정당화되는가에 집요한 관심을 가졌다. 이성에 의해 합리적으로 따질 때 내가 어떻게 행동하는 것이 올바른 행동인가, 나의 행동을 이성에 비추어볼 때 어떻게 정당화될 수 있는가 등이 칸트가 심각하게 던진 물음이었다.

칸트의 영향력이 워낙 컸기 때문에 칸트 이후의 사람들은 칸트식으로 도덕·윤리 문제를 생각하게 되었다. '어떤 사람이 될 것인가'보다는 도덕적 갈등 상황에서 '어떻게 행동할 것인가' 하는 행동의 '이유'를 묻는 것을 도덕 교육과 인성 교육의 당연한 과제로 여기게 되었다. 이렇게 행동의 이유를 찾는 데 광적으로 집착하는 근대 윤리학을 윤리학자 핀콥스Edmund L. Pincoffs는 '문제풀이식 윤리학quandary ethics'이라고 했다. 도덕적 딜레마 상황에서 어떻게 할 것인가라는 '골치 아픈 문제quandary'풀이를 윤리학의 핵심 과제로 여긴다는 것이다.

이런 문제풀이식 근대 윤리학에 토대를 두고 있는 합리주의적 도덕 교육론은 나름대로 의미가 있다. 강제 주입식 덕목 교육이나 무조건적인 도덕적 행동의 요구가 아니라, 학생 스스로 왜 그런 행동을 해야 하는가를 묻고 수긍할 때 적극적이고 자발적인 도덕적 행동의 가능성이 높아지기 때문이다. 이런 이유로 합리주의적 도덕 교육이 더 강화되어야 한다고 주장하는 사람도 있다.

그러나 도덕 교육과 인성 교육에 대한 이러한 접근은 우리의 삶에서 시시각각으로 당면하는 실제의 윤리적 사태마다 적절한 해결 방안을 제시하지 못한다는 난점을 가지고 있다. 윤리적 사태가 벌어진 맥락이나 행위자의 특성 등을 고려하지 않은 채 어떤 특정 장면(딜레마)에 적용되어야 하는 도덕 원리나 행위의 정당성만 찾아 나서는 문제풀이에 매달리기 때문이다. 생각하고 비판적으로 고민은 많이 하지만 실제적인 삶의 현장에서 어떻게 행동할지를 결정하지 못한다. 한 윤리학자의 지적처럼, 도덕적 딜레마 상황에서 도덕적 행동을 정당화하는 방법이 없는 것이 아니라 너무 많아서 어쩔 줄을 모르는 것이다.

이런 '문제풀이식 윤리학'을 배격하고 그 대안으로 부상한 것이 매킨타이어Alasdair Macintyre를 대표 주자로 하는 '덕 윤리학

virtue ethics'이다(알래스데어 매킨타이어,『덕의 상실』). 고대 윤리학자들처럼 우리도 어떻게 살아야 할 것인가의 문제에 더 관심을 기울여야 하고, 도덕적 난제를 어떻게 풀 것인가 하는 문제보다는 훌륭한 사람이 어떤 사람인가 하는 문제를 더 깊이 생각해야 한다는 것이다.

덕 윤리학은 도덕적 행위보다는 도덕적 행위자에 초점을 맞춘다. '나는 어떤 종류의 행위를 해야 하는가'보다 '나는 어떤 종류의 사람이 되어야 하는가'라는 물음을 중시한다. 행위^{doing}보다 존재^{being}에 관심을 둔다. 이 입장에서는 도덕적 사태에 직면하여 덕 있고 훌륭한 품성을 가진 사람이 바람직한 선택을 할 것이라고 기대한다. 즉 행위자의 덕 또는 품성에 따라 바람직한 도덕적 행동의 방향이 정해진다고 본다.

이러한 덕 윤리학의 입장에서 보면 인성 교육(도덕·윤리 교육)은 학생을 도덕 문제의 탐구자가 아니라 도덕적으로 훌륭한 사람으로 만드는 것이어야 한다. 약속을 왜 지켜야 하는지 그 이유를 따질 수 있는 비판적 능력을 키우는 것도 필요하지만, 더 중요한 것은 약속을 잘 지키는 사람을 기르는 것이어야 한다. 거짓말을 하지 않아야 하는 이유를 알게 하기보다는, 거짓말을 하지 않는 사람, 거짓말을 하면 가슴이 쿵쾅거리는 사람을 만드는 교육이 되어야 한다. 합리주의적 도덕 교육론에 빼앗긴 '된 사람'을 만드는 교육이 되어야 한다.

지금 우리는 학생들에게 미래 교육 군단의 일원이 되기 위해, 그리고 4차 산업혁명과 인공지능^AI 시대의 경쟁에서 이기기 위해 창의, 융합, 자기 주도성 등과 같은 다양한 능력으로 무장할 것을 요구하고 있다. 사회적으로 '난 사람'이나 머리에 '든 사람'을 넘어 미래 사회에서 생존할 수 있는 '쎈 사람'을 요구하고 있다.

　과연 '된 사람'은 어디에 있는가? 추억 속의 존재로만 기억될 것인가? 2022 개정 교육과정 설문에서 인성 교육에 1위 표를 던진 국민이 생각하는 인성 교육의 의미가 도덕적 품성을 갖춘 '된 사람'을 기르는 교육이었으면 좋겠다.

31

듀이에게 묻다.
요즘 교육 '왜' 피곤할까?
(2021년 8월)

8월 무더위, 휴가 대신 독서로 견뎌보기로 했다. 사공이 많아서 산으로 가고 있는 우리 교육의 현실을 교육의 본질이라는 측면에서 되돌아보는 시간을 갖고 싶었다. 대학 시절 필수적으로 만날 수밖에 없었던 듀이John Dewey의 글을 다시 들춰보기로 했다. 그 제목도 생생한 『민주주의와 교육 Democracy and Education』(1916)이라는 고전이다. 책의 부제가 "교육철학 개론An Introduction to the Philosophy of Education"이듯, 교육학의 분류로 본다면 교육철학에 해당하는 저술이다.

하지만 그 내용을 보면, 교육에 대한 모든 내용을 다루는 '교육학 개론'에 가깝다. 요즘 시중에 나와 있는 '교육학 개론'이라는 제목의 책들이 교육(사범)대학의 강의 교재나 학원가의 수험 교재 용도의 백화점식 편집서라면, 『민주주의와 교육』은 단순한 내용 나열이 아니라 우리가 어떤 교육과 사회를 추구해야 하는지를 제시하는 지도와 같다. 옮긴이가 '현대 철학은 플라톤의 주석'이라는 화이트헤드A. N. Whitehead의 말을 빌려 "현대 교육학은 『민주주의와 교육』의 주석"이라고 평가하는 과장誇張에 대해서도 크게 이의를 달고 싶지는 않다.

'삶의 필연성으로서의 교육'이라는 제목을 붙인 제1장의 서두는 이렇게 시작한다.

> 생물과 무생물의 가장 두드러진 차이는 전자가 갱신에 의하여 스스로를 존속시켜나간다는 데에 있다. 돌은 무엇으로든지 두드리면 저항한다. 만약 돌의 저항력이 그것을 두드리는 힘보다 크면, 돌은 겉으로 보아 전혀 변하지 않는다. 그 반대의 경우라면, 돌은 산산조각이 난다. 그러나 돌의 경우에는, 두드리는 힘에 대항하여 스스로를 존속시키려고 하지도 않거니와, 그 힘을 역이용하여 스스로 행위를 계속해나갈 원동력으로 삼는 일은 더욱 하지 않는다. 생명체는 자기보다 큰 힘과 대항할 때는 쉽게 부서지지만, 그래도 자기에게 작용하는 에너지를 이로운 방향으로 돌려서 자기의 생명을 계속 유지해나가는 수단으로 삼을 수 있다. 만약 이 일을 할 수도 없으면, 생명체는 돌처럼 산산조각으로 부서지는 것이 아니라, 생명체로서의 존재양식을 잃어버리고 만다.

기대를 갖고 읽기 시작한 책의 첫 부분에 실망했던 지난날이 생각난다. 이게 무슨 소리인가? 너무나 당연한 소리의 연속이 아닌가? 제목은 '삶의 필연성으로서의 교육'이라고 해놓고, 생 뚱맞은 돌과 생명체의 이야기만 하다니! 하지만 계속 이어지 는 다음과 같은 구절에서 그 이유를 알 수 있었다.

> 인간의 경우에는 생물학적인 존재의 갱신과 더불어 신념, 이상, 희망, 행복, 불행, 그리고 활동의 재창조가 이루어진다. 어떤 경험 이든지 사회집단의 갱신을 통하여 영속되어나간다는 것은 의심 할 여지가 없는 사실이다. 교육은, 가장 넓은 의미에서 말하면, 삶 의 이러한 연속성을 유지하는 수단이다. …… 사회집단을 구성하 고 있는 각각의 성원이 태어나고 죽는다는 이 원초적이고 불가피 한 사실이 교육의 필연성 또는 필요성을 규정한다.

역시 너무나 당연한 이야기에 짜증이 날 만도 하지만, 구구 절절 맞는 소리임에야 어쩔 수 있으랴! 그렇다. 교육은 인간이 살아가면서 해야 하는 활동의 한 종류에 그치지 않는다. 인간 과 사회의 생존을 위해 교육은 필수 불가결한 것이다. 우리가 돌이 아닌 이상 교육이라는 행위는 인간 삶에서 필연적이다.

이렇게 교육이 피할 수 없는 삶의 영역이라면, 특별히 요즘 들어 교육이라는 활동이 힘들게 느껴지는 이유는 어디에 있을 까? 왜 교육이라는 단어가 생기보다는 피곤함으로 느껴질까?

그 실마리를 인간 활동에 대한 '왜'라는 질문에서 찾아볼 수 있겠다. 인간 활동에 대한 '왜'라는 질문은 항상 그 의미가 동일하다고 할 수 없다. 그것은 구체적인 문맥에 따라서 서로 다른 의미로 제기되기도 하고, 같은 질문도 대답하는 사람에 따라 다른 의미로 받아들여질 수 있기 때문이다. '왜'라는 의미는 무엇인가?

첫째, 가장 보편적인 의미로서 '왜'라는 질문은 어떤 활동이나 행위의 '이유'를 묻고 있다. 행위자가 A·B·C의 세 가지 서로 다른 행위 중에서 자의自意로 한 가지를 선택한 경우 그에게 왜 다른 행위(B나 C)가 아니라 그 행위(A)를 선택했는지 물을 수 있다. 이것이 곧 행위의 '이유'를 묻는 질문이다. 따라서 '이유'라는 개념에는 행위자가 자유의지에 의해서 자신의 행위를 결행했다는 뜻이 함의되어 있다.

둘째, '왜'라는 질문은 때로 '현실적 필요성'을 묻고 있다. 앞의 '이유'라는 개념과 이 '필요성'이라는 개념은 구분되어야 한다. '이유'는 그 행위나 활동의 근원적 배경, 흔히 본질적이라고 부르는 그런 배경을 설명해주는 것이라고 할 수 있다. 그런데 '필요성'이란 그 근원적 배경이야 어쨌든 간에 그러한 활동이 있게 된 현실적이고 실제적인 요청을 설명해주는 것이다.

셋째, '왜'라는 질문은 어떤 행위나 습관의 '원인'을 묻는 것으로 사용된다. 원인이라는 개념은 행위자의 자유의지에 따른 선택이라는 뜻을 함의하지 않는다는 점에서 '이유'라는 개념과 중요한 차이가 있다. 이 점에서 '원인'이란 개념은 어떤 일이 일어나게 된 사실적 경과 또는 인과적 법칙 관계를 설명할 때 적합하다. 인간의 행위를 과학적으로 설명하려는 심리학자들의 노력은 모두 인간의 사회적 활동에 감추어진 여러 가지 메커니즘, 곧 원인을 밝히려는 노력에 속한다.

이렇게 인간 활동에 대한 '왜'라는 질문이 갖는 의미를 이유, 현실적 필요성, 원인으로 구분하는 차이점은 자의성自意性이다. 즉 이유의 의미에는 자의적 선택 가능성이 크게 내포되어 있지만, 원인이라는 상황에서는 자의성이 거의 없는 것이나 마찬가지다. '나는 이러이러한 이유로 어떤 활동을 한다'라고 할 때는 그의 가치관과 선택이 충분히 개입되고 있지만, '나는 이런 원인 때문에 이렇게 행동할 수밖에 없다'라고 할 때는 행위자의 의도가 들어가기 힘든 강제에 가까운 활동이라고 할 수 있다.

우리가 수행하는 다양한 교육 활동도 이 의미에 적용해볼 수 있다. 예를 들어, 어떤 고등학생에게 "왜 그 과목을 선택과목으로 했느냐"라고 묻는다면 현실적으로 그 대답은 거의(?) '원인'에 가깝다. 수능에 나오는 과목이기 때문에. 그리고 "왜 원격수업을 해야 하는가"라고 묻는다면 그것은 '현실적 필요성'을 말하는 것에 가깝다. 코로나19 상황에서 그 필요성은 얼마든지 제시될 수 있다. 두 사례 모두 정도의 차이만 있을 뿐 진정한

자의성이 결여된 어쩔 수 없는 상황에서의 선택에 불과하다.

요즘 교육 현실과 교육 활동에 대해 피곤함을 느끼는 이유가 바로 여기에 있다. 교육 활동 대부분이 '원인'과 '현실적 필요성'에 기반을 두고 있기 때문이다. 자발적 '이유'에 기반한 교육 활동이 거의 없기 때문이다. 어쩔 수 없는 인과관계와 현실이 요구하는 '원인' 및 '현실적 필요성'에 따라 교육 활동이 수동적으로 전개되기에 피곤할 수밖에 없다. 나의 '이유'를 들어 능동적으로 생각하고 활동하는 교육 활동을 할 수 없기에 피곤하다. 내가 행동해야 하는 '교육적 이유'를 전시할 교육 공간이 우리 사회에 없기에 피곤하다.

이런 측면에서 보면 우리 사회의 교육 쟁론爭論 또한 우리를 피곤하게 한다. 교육에 대해 걱정하는 전문가들이 던지는 언설言說을 보면, 결론 부분에 가서 교육의 근본적 의미와 본질을 주장한다. 하지만 본문의 내용은 '현실적 필요성'을 말하는 것이 대부분이다. 사실 그 현실적 필요성이라는 것이 논자에 따라 크게 차이 날 수는 없다. 그러니 각자 주장하는 '현실적 필요성'의 적절성 논쟁에 우리는 피곤해질 수밖에 없고, 귀에 박힌 필요성 목록의 도돌이표에 싫증이 나기도 한다. 교육 전략이나 방법에 관한 논의는 많지만 '왜 그것을 해야만 하는가'의 이유를 묻는 장면을 만나보기 어렵다.

어린아이들은 수없이 '왜'라고 묻는다. 그들이 묻는 '왜'의 의미는 원인이나 현실적 필요성이라기보다는 이유에 가깝다. 어른을 보면 인사해야 한다는 요구에 '왜'라고 묻는 것은 바로 이유를 묻는 것이다. 어떤 행위의 의미를 묻는 것이고, 그 의미에 따른 행위의 적절성을 묻는 것이다. 그 수많은 '왜'라는 질문을 던지면서 아이들은 피곤해하지 않는다. 밥을 먹는 것이 즐거운 것처럼, 그들에게 이유로서의 '왜'라는 질문은 자연스러우면서도 즐거운 일이기 때문이다.

　우리는 지금 교육 활동에서 이유를 묻는 이 자연스러움과 즐거움을 잃었다. '왜 교육이 필요한가'라는 교육의 근본 이유에 대해서는 듀이로부터 삶의 필연성이라는 한 가지 대답을 얻었다. 이제부터는 실제적인 교육 현장에서의 교육 내용과 방법에 대해서 끊임없이 '왜 이것을 해야만 하는가', '왜 이렇게 해야 하는가' 등의 '이유'를 물어야 한다. 이것이 교육에 대한 우리의 피곤함을 덜어줄 수 있는 8월의 휴식처다.

32

교육의 배신 vs
교육의 축복
(2021년 10월)

내가 근래 읽은 책들을 보니 유난히 '○○의 배신'이라는 제목이 많다. 가나다순으로 제목을 나열해보면 다음과 같다.

『공부의 배신』, 『긍정의 배신』, 『노동의 배신』, 『노오력의 배신』, 『수학의 배신』, 『실력의 배신』, 『열정의 배신』, 『희망의 배신』

온통 배신 시리즈다. 판매 전략으로 자극적인 제목을 뽑은 이유도 있겠지만, 각 단어에 갖고 있던 기대가 허물어지는 아픔을 토해내고 있는 것이 아닐까? 우리가 이렇게도 많은 배신을 당하고 있단 말인가? 이번에 또 하나의 배신을 읽었다. 블룸Paul Bloom의 『공감의 배신』이다. 아무리 그래도 '공감'마저 배신한다는 말인가?

저자는 말한다. 좋은 세상을 만들려면 공감하지 말라고. 이

책을 쓰는 목적 가운데 하나가 공감empathy에 반대하도록 우리를 설득하는 것이라고. 도대체 이게 뭔 소리인가? 그렇다면 저자는 왜 공감에 반대하는 것일까?

저자에 따르면 공감은 지금 여기 있는 특정 인물에게만 초점이 맞춰진 스포트라이트다. 그런데 스포트라이트는 빛을 비추는 면적이 좁다. 지금 우리가 사는 세상에는 도움이 필요한 사람이 너무 많다. 공감은 지금 여기에 있는 한 사람을 도와줄 수있지만, 그런 행동이 야기하는 장기적인 결과에는 둔감해지게하고 공감하지 않거나 공감할 수 없는 사람의 고통은 보지 못하게 한다. 공감은 한쪽으로 편향되어 있고 근시안적이어서단기적으로는 상황을 개선할 수 있을지 모르지만, 미래에는비극적인 결과를 초래하는 행동을 유도한다.

저자의 이런 논리정연한(?) 공감 반대론이 당황스럽기만 하다. 거의 절대선 정도로 느껴지는 '공감'이라는 단어가 이렇게도 평가될 수 있다니. 이런 혼란 속에서 갑자기 '그럼 교육은?'이라는 질문이 머리를 때렸다. 공부, 긍정, 노력, 열정, 희망 등과 같은 바람직한 단어뿐만 아니라 공감이라는 단어에도 배신이라는 꼬리가 달라붙는 세상이라면 교육이라는 단어도 마찬가지가 아닐까? 우리 교육의 현실에서 '교육의 배신'은 누구나한 번쯤 써 보고 싶은 책의 제목이 아닐까?

만약 『교육의 배신』이라는 제목의 책이 출간된다면 그 목차는 어떻게 꾸려질까? 교육으로부터 배신당한 수많은 상흔이 처절하게 펼쳐질 것이다. 만약 내가 '교육의 배신'이라는 책을 쓴다면, 여러 상처를 지적하기 전에 먼저 우리 교육에 배신이라는 굴레를 씌운 주요 원인 세 가지를 말하고 싶다. 새로운 내용은 아니지만 뿌리 깊은 우리 교육의 현실이며 우리가 극복해야만 하는 과제이기도 하다.

첫째, 진영 논리다. 길게 이야기하지 않아도 무슨 말인지 짐작할 정도로 우리 교육은 진영 논리에 갇혀 있다. 우리는 원하든 원하지 않든 말 한마디, 몸짓 하나로 어느 진영의 일원이 되어버린다. 보수와 진보라는 진영이다. 중도라는 외침도 있지만, 현실에서는 계륵보다도 못한 존재다. 문제는 보수와 진보가 각각 주장하는 교육의 방향과 내용이 아니라 상대방에 대한 태도다.

나는 지금까지 서울시교육청 장학사와 장학관 시절 네 분의 교육감을 경험했다. 굳이 진영을 말하면 보수→진보→보수→진보의 순이다. 그 가운데 잊을 수 없는 장면이 있다. 내가 민주시민 교육을 담당하는 팀장(장학관)이었을 때 두 분의 교육감을 연속해서 경험했다. 진보 계열의 교육감이 교육청을 떠나는 날 직원들과 일일이 악수하면서 나에게 이렇게 말씀하셨다. "송 장학관, 인권조례를 부탁해요." 여기서 인권조례란 당연히 서울시교육청에서 새롭게 출발한 서울학생인권조례를 말한다. 그 뒤를 이어받은 보수 계열의 교육감도 임기를 마치고 교육청을 떠나는 날 직원들과 일일이 악수하면서 나에게 이렇게 말씀하셨다. "송 장학관, 나라사랑을 부탁해요" 여기서 나라사랑이란 보수 계열의 교육감이 부임해서 강조해온 나라사랑 교육을 말한다. 인권조례와 나라사랑, 모두 나의 팀 업무였다. 그런데 마지막 교육청을 떠나면서 두 분이 나에게 남긴 부탁은, 진영에 따라 무엇을 더 강조하고 있는가를 실감나게 보여준다. 나는 인권조례를 강조한 진보 계열의 교육감이나 나라사랑을 강조한 보수 계열의 교육감이 상대방을 무시하거나 부정했다고 생각하지 않는다. 실제로 업무를 처리하면서 그런 지시를 받은 적이 없다. 각각 본인이나 진영에서 중요시하는 교육의 방향과 내용을 더욱 강조했을 뿐이다.

학교 현장에서 보면 보수나 진보 진영에서 요구하는 교육적 요구들이 실질적인 내용에서 큰 차이가 없는 것이 대부분이다. 현실적 적합성 및 적용 방식에서 의견이 다를 뿐이다. 그런데도 진영의 틀에 갇혀서 상대방의 주장을 전면 부정하거나 거부한다.

진영 논리를 극복해야 한다. 각 진영의 교육적 입장이 있겠지만, 진영의 틀에 갇혀 상대 진영의 교육적 요구를 무조건 부정하거나 폄하하는 태도를 버려야 한다는 것이다. 무조건적인 배타는 학생을 위한다는 교육의 진정성을 훼손할 수 있으며, 진영의 승리를 위한 정치적 행태로 여겨지게 만든다. 정작 학교 현장에는 어떠한 영향도 미치지 못하는 교문 밖 싸움일 뿐이다.

둘째, 아전인수다. 아전인수는 피하기 어려운 인간 사회의 기본 성향이다. 이러한 성격을 이해하더라도 현재 우리의 교육정책과 교육 현장에서 나타나는 아전인수의 태도는 심각한 수준이다. 말로는 '모두를 위한 교육' 또는 '학생을 위한 교육'을 외치지만, 그 이면에 있는 아전인수격 해석이나 요구를 실감하지 않을 수 없다. 모두 제 논에 물 대기 바쁘다.

내가 자공고(자율형 공립고) 교장으로 있을 때의 일이다. 자공고 교장단과 교육감의 간담회가 종종 있었다. 주제는 포괄적으로 교육과 자공고의 발전 방향 정도로 기억된다. 그런데 나는 간담회를 할 때마다 일부 교장 선생님의 발언이 불편하기만 했다. 전반적인 교육 발전에 관해 논의하자고 모인 것인데, 본인 학교의 특정한 사정을 중심으로 이야기하는 것이다. "교육감님, 저희 학교가 위치한 지역적 여건상 교사 배치 원칙을 재고해야 합니다." "저희 학교의 입장에서 볼 때 ○○사업의 학교별 재정지원 금액이 재검토되어야 합니다." 학교장들이 이러할진대, 교사, 학생, 학부모는 어떻겠는가?

우리는 대학입학 전형 방식을 놓고 공론화를 벌이는 등 큰 홍역을 앓고 있다. 그런데 그 홍역만큼 과연 대입 제도에 대해 모든 사람이 동의하고 있는가?

교육에서의 아전인수격 해석과 행동, 이미 거기에는 이해관

계로 얽힌 우리 사회의 모습이 그대로 들어가 있다. 없어지거
나 무시할 성질의 것이 아니다. 옳은 정답正答을 찾는 것이 아
니라 함께 해답解答을 만들어가야 한다. 중요한 것은, 일반 사
회의 이해관계를 풀어가는 데 사회·경제적 고려가 필요하다면
교육 현장의 이해관계를 풀어가는 데에는 교육적 고려가 추가되
어야 한다는 점이다. 아니, 교육적 고려가 최우선이어야 한다.

  셋째, 자기부정이다. 교육을 걱정하고 미래의 발전 방향을
말하는 의견이 수없이 쏟아진다. 거기에는 과거와 현재 교육
의 모습에 대한 반성도 함께 들어 있다. 당연한 수순이다. 그
런데 그 반성이 차분하게 교육을 살펴보는 것이 아니라 큰 죄
를 지은 대역죄인으로 교육을 취급하는 의견들을 종종 접하게
된다. 우리 교육에 대한 자기반성이 아니라 모든 교육적 노력
을 완전히 무의미한 것으로 여기는 자기부정에 가깝다.

  근래 방송을 통해서 인기를 끌고 있는 한 대학교수의 의견이
그러한 사례다. 그는 지난 우리 교육을 이렇게 평가하고 있다.

지난 100년간의 한국 교육은 반反교육이다.
우리 교육은 단 한 번도 존엄한 인간, 성숙한 민주주의 교육을 해
본 적이 없다.

반성이 아니라 우리 교육에 대한 자기부정이다. 지난 100년

간의 한국 교육이 반反교육이었다면, 그동안 교육을 담당했던 교사들과 그 교육을 받은 사람들의 100년간의 삶은 무엇인가?

지난 우리 교육을 칭찬하거나 긍정의 눈으로 볼 부분도 있다는 이야기가 아니다. 자기반성과 자기부정은 다르다는 뜻이다. 자기반성은 잘된 것은 잘된 것대로, 잘못된 것은 잘못된 것대로 인정하는 것이다. 자기반성은 자기인정의 바탕에서 이루어지는 것으로 자기부정과는 다르다. 이와 같은 자기부정에 마음이 불편할 뿐이다.

그런데 우리는 부지불식간에 이런 자기부정적 발언을 하는 경우가 많다. 우리 교육에 대한 평가가 '우리 교육이 다 그렇지', '다른 교육 선진국은 이러한데, 우리는?'의 분위기로 흐르다 보면 자기부정적 발언이 나올 가능성이 높다. 나 스스로 늘 경계하는 부분이다. 우리 교육에 대한 자기부정으로터 벗어나야 한다. 반성은 늘 할 수 있지만, 부정은 한 번으로 끝장이다. 자기를 한 번 부정해버리면 자기 존재 자체가 사라지기 때문이다.

지금까지 언급한 우리 교육에서의 진영 논리, 아전인수, 자기부정은 '교육의 배신'을 탄생시키는 숙주宿主다. 새로운 대통령 선거와 교육감 선거가 다가오고 있다. 교육 공약에 이것에 대한 극복 의지가 배어 있으면 좋겠다. 『교육의 배신』이 절판되고 『교육의 축복』이라는 책이 발간되는 그런 날이 왔으면 좋겠다.

33

고교학점제,
고를 만한 물건이 있을까?
(2021년 11월)

이번에도 짙은 안타까움을 내뱉었다. '이런 시험을 계속 치러야 하는가?' 정기 고사(시험) 때마다 선생님들이 출제한 시험문제를 교장으로서 최종 검토한다. 그때마다 안타까움이 수북이 쌓인다. 그 안타까움의 종류는 많다.

10쪽 분량의 ○○ 과목 문제를 보면 '이걸 과연 사람의 능력으로 50분 안에 완벽하게 풀 수 있을까? 아무런 생각 없이 기계적으로 그냥 읽기만 해도 1시간은 넘을 것 같은데……'라는 생각이 절로 든다.

'통합이라는 타이틀을 달고 나타나는 통합○○ 과목의 시험문제는 과연 통합적 성격의 문제인가? 통합의 대상이 된 각 과목의 문제를 할당량에 따라 기계적으로 중복 출제한 것에 불과하지 않은가?'

'단순 사실 다섯 개를 선택지로 늘어놓고 그중에 하나 출제자가 원하는 답을 선택하라는 강요는 언제까지 계속되어야 하는가? 어떤 문제는 하나가 아니라 둘을 선택하라는 것도 있고, 어떤 문제는 '있는 대로 전부'의 선택을 요구한다. 이 선택이 진정 학생의 실력을 평가하는 것인가?'

이러한 시험문제들을 보면 역으로 학생들이 배운 수업의 내용과 방식이 보인다. 학생 참여형 수업과 같은 화려한 외침에도 불구하고 대부분의 수업은 교사 설명 중심으로 전개된다. 학생들은 수동적으로 교사의 설명을 들으면서 이해해야 하고 암기도 해야 한다.

프레이리Paulo Freire가 『페다고지』에서 교육에서의 '설명병'과 '은행 저금식 교육'을 비판한 지 50년이 훌쩍 지났지만, 아직도 우리는 그 비판을 품에 안고 살아간다. 프레이리가 지적한 대로 학생은 보관소요 교사는 예탁자다. 교사가 성명을 발표하고 예탁금을 만들면, 학생은 참을성 있게 그것을 받아 저장하고 암기하고 반복하는 '은행 저금식 교육'이 아직도 계속되고 있다.

프레이리가 문제 삼은 은행 저금식 교육, 그래도 지식 제공처가 학교와 선생님이 전부였던 시대에는 어쩔 수 없는 현실이었고 이자도 꽤 높았다. 하지만 인터넷 등 풍부하고 편리한 지식 제공처가 다양하게 존재하는 세상에서 기존의 은행 저금식 교육은 부실한 재산 증식 방식이다. 이제 이런 방식은 이자도 거의 없고 원금마저 날려버리기 십상이다. 고등학교 학생들이 수능을 위해 잠을 참으면서 그렇게 많은 저금을 하건만, 수능 이후 그들의 잔고는 대부분 사라져버린다.

이런 안타까움으로 서성거리고 있을 때 성큼 교문 앞까지 다가온 고교학점제를 발견한다. 문재인 정부의 교육 공약 1호로 등장한 고교학점제는 지속적으로 많은 논란을 제기했지만, 나름의 여정에 따라 교문 앞까지 와 있다. '학생이 기초 소양과 학력을 바탕으로 진로·적성에 따라 과목을 선택하고, 이수 기준에 도달한 과목에 대한 학점을 취득·누적하여 졸업하는 제도'라고 정의되는 고교학점제의 가장 큰 매력은 학생이 원하는 과목을 선택해서 배울 수 있다는 '학생의 과목 선택권 확대'다. 지금 고교학점제를 시행하기 어려운 여건의 불비 등 여러 비판에도 불구하고 긍정적인 평가와 생명력을 유지하게 하는 힘은 바로 '선택'이라는 단어다.

그런데 이 선택이라는 것이 그렇게 좋기만 한 것일까? 고교학점제 도입 논의 초기부터 선택의 의미에 대한 논쟁이 있었지만, 이제 교문 앞에 와 있는 고교학점제를 받아들이기 전에 최종적으로 다시 한번 이 선택의 의미를 살펴보자. 핵심은 두 가지다. 첫째, 학생의 과목 선택권 확대라는 것이 정말 바람직한 것인가? 둘째, 바람직한 것이라고 인정한다면 실제 기대하는 모습이 나타날까?

'학생의 과목 선택권 확대라는 것이 정말 바람직한 것인가'라는 질문에는 대부분 긍정적이다. 학생의 적성과 흥미에 따라 선택할 수 있고, 학생의 진로와 연계될 수 있으며, 그렇기에 수업에도 충실하게 참여할 것이라는 측면에서다. 하지만 다음과 같은 지적은 과목 선택권 확대에 우려의 측면이 있음을 또한 보여주고 있다.

- 초·중등 교육은 보편교육 중심의 교육과정이다. 과목 선택권 확대를 지나치게 강조하는 것은 고교학점제가 흥미·적성·진로를 위한 맞춤형 교육과정이라는 취지에서 벗어나 직업을 우선시하는 '기능적 교육관'으로 해석될 수 있다.
- 과목을 많이 개설하자는 식의 숫자가 중요하지 않다. 많은 양의 과목 개설이 아닌 모두의 탁월성을 길러주는 공교육 과정으로 변화해야 한다. 학점제 도입 취지는 삶에서의 힘과 사고력을 길러주는 방향에 우선순위를 두어야 한다.
- 적은 수의 과목을 깊이 있게 공부해야 융합적 사고력을 키울 수 있다. 다양한 선택이라는 것은 편리한 졸업 학점 채우기의 방편만이 될 뿐이다. 현행 단위제와 비교해 선택과목 수만 늘어난 것에 불과하다.

이런 우려를 감내하면서라도 고교학점제를 실시한다면, 과연 '실제 기대하는 모습이 나타날까'라는 현실적인 문제에 부

딪치게 된다. 과목 선택권 확대의 긍정적 기대에도 불구하고 다음과 같은 부정적 예측이 지속적으로 제기되고 있다.

- 과목 선택권 확대의 지나친 강조가 실제 현장에서는 '과목 선택의 역설'로 나타날 수 있다. 학생들은 많은 과목 중에 완벽한 선택을 하려다 보니 오히려 스트레스를 받고 최적의 선택을 하지 못하게 된다.

- 학생들은 정말 흥미와 적성에 따라 과목을 선택할까? 흥미와 적성에 따라 과목을 선택하기보다는 즉시의 필요에 따라 선택할 것이다. 특히 대학입시와 연계해서 볼 때 흥미와 적성에 따른 과목 선택은 현실성 없는 이야기다.

- 현실적인 문제로, 한정된 인적·물적 조건과 교과 이기주의의 현실에서 학생들이 진짜 원하는 충분한 과목들이 개설될 수 있을까? 선택을 그렇게 강조한다면 선택할 물건이 있어야 하는데, 그 많은 물건(선택과목)을 만들어낼 수 있을까?

나는 '그 많은 물건(선택과목)을 만들어낼 수 있을까'라는 질문이 고교학점제 성공의 핵심이라고 생각한다. 그런데 이에 대해 나는 회의적이다. 실제 선택과목을 개설해야 하는 단위 학교의 인적·공간적 조건도 문제이지만, 다양한 과목의 생산

기반이 교과 이기주의의 카르텔로 묶여 있기 때문이다. 이미 이런 폐해가 나타나고 있다.

교육부는 2025년부터 고등학교에 적용될 '2022 개정 교육과정' 총론의 주요 사항을 조만간 발표한다고 예고했다. 여기에는 고교학점제 기반 마련이 핵심 사항으로 들어가 있다. 그런데 교과의 생존을 걸고 자기 교과의 여러 과목을 집어넣기 위한 싸움이 여기저기서 들려온다. 대학의 교과별 전공에 따라 교수와 관련 학회, 관련 단체, 관련 교사연구회 등이 연합하여 자기 교과 살리기에 나섰다. 교육과정 개정 때마다 있었던 풍경이기에 전혀 새롭지도 않고 충분히 예견된 상황이기도 하다. 고교학점제를 위한 다양한 과목의 생산이 수요자인 학생을 위해 이루어지지 않고 공급자인 교과 카르텔(특히 대학)의 이해관계를 벗어나기 어려운 현실이다.

고교학점제를 과일 가게 재오픈에 비교한다면, 맛있고 몸에도 좋은 새로운 과일들을 손님 앞에 내놓는 것이 중요하다. 그런데 지금 준비되는 고교학점제를 보면 가게 구조의 리모델링만 보일 뿐 거기를 채울 새로운 과일은 보이지 않는다. 고정된 과수원의 생산 환경에서 다른 과일을 심거나 새로운 품종을 개발하기 어렵기 때문이다. 따라서 재오픈한 과일 가게의 과일은 기존 물건들의 포장을 바꾸거나 진열을 재배치한 것에 불과하다고 할 수 있다.

이에 따라 종류는 늘어나지만, 소비자가 고르고 싶은 새로운 과일은 거의 없다고 보아야 한다. 교과 이기주의로 인해 기존의 과목에 덧칠을 한 형제 과목의 숫자만 늘어날 뿐이다. 교육과정 개정이 있을 때마다 학생의 학습 부담을 줄여야 한다는 요구가 있었지만 그 결과는 늘 정반대로 나타났다. 이번 고교학점제도 기존 과목의 기득권을 버리지 못하고 선택과목이 확대되면서 학생들의 학습 부담은 더욱 늘어날 것이다.

또 지금과 같은 형태의 정기 고사(시험) 문제가 계속 출제될 수밖에 없다. 50분에 10쪽 분량을 풀라는 것은 누가 가장 짧은 시간에 정해진 과일을 다 먹을 수 있는가를 겨루는 대회와 같다. 통합 또는 융합이라는 성격의 과일은 이도 저도 아닌 애매한 맛일 가능성이 높다. 5지 선다형으로 하나를 고르라는 것은 과일 가게 주인이 원하는 과일을 선택하라는 것과 같다.

『구름 속의 학교』실험으로 학생의 자기 주도적 학습 능력을 증명해 보인 미트라 Sugata Mitra는 현재의 학교교육을 다음과 같이 진단한다.

학교의 교육과정 대부분은 과거를 다룬다. 즉 우리 인류가 지금까지 알아낸 온갖 것을 가르친다. 이 모든 지식을 과목이라는 상자에 담아 아이들의 머릿속에 쏟아붓는다. 인도의 한 교사는 이러한 접근 방식을 '항아리-컵 Jug-Mug' 모델이라고 표현한다. 아동의 머리라는 빈 컵에 교사가 가득 찬 항아리의 지식을 부어 넣는 것이다. 이 방법은 효과가 있다. 내 컵도 그렇게 채워졌다. 그렇지만 지식이 항아리만큼이 아니라 드넓은 호수와 같으며, 아이들이 스스로 호수의 물로 컵을 채울 수 있다면? 항아리-컵 모델은 호수가 존재하지 않던 시대의 방식이다. 지금은 호수가 있으며, 인터넷만 있으면 누구나 호수에 다가갈 수 있다. 호수에 깊이 들어갈 수 없을 때는 친구가 도와줄 수 있다.

이러한 진단대로 지금은 지식의 항아리가 아니라 지식의 호수 시대다. 호수처럼 많은 지식을 교사의 일방적인 전달 방식으로 학생의 머리(컵)에 담을 수는 없다. 그래서 다양한 선택지를 만들고 학생들에게 자유롭게 선택하라는 고교학점제는 하나의 현실적인 방법이 될 수도 있다. 하지만 지금 우리의 현실에서 과연 지식의 호수를 마음껏 헤엄칠 수 있는 매력적인 선택권이 주어질 수 있을까?

교문 앞에 다가와 대기하고 있는 고교학점제. 그가 입고 있는 티셔츠에는 '선택'이라는 두 글자가 선명하게 박혀 있다. 그를 교문 안으로 받아들이면서 우리는 다음과 같은 질문을 계속 던져야만 한다. '과연 고를 만한 물건이 있을까?'

34

교육감 선거는
교육답게
(2022년 5월)

동심여선童心如仙. 어린이의 마음은 신선과 같다는 말이다. 서울 망우역사문화공원에 있는 소파 방정환 선생 묘소의 묘비명이다. 어린이날과 스승의 날이 있는 5월의 어느 푸른 날, 방정환 선생의 묘소가 있는 망우산을 찾았다. 잘 정돈된 둘레길을 따라 방정환 선생의 묘소에 들렀고, 다소 특이한 모양의 묘비 앞에서 긴 침묵으로 서 있었다.

동심여선童心如仙. 선仙이라는 글자가 무엇보다도 크게 눈에 들어왔다. 신선과 같다는 것은 구체적으로 무엇을 말할까? 어렴풋하고 추상적인 느낌으로만 다가올 뿐, 어린이란 존재에 대한 방정환 선생의 그 깊이를 가늠할 수 없음에 괜히 죄송스러운 마음만 들었다. 그러다가 어느 순간 선仙에서 동심童心으로 눈길이 갔다.

예전에는 동심이라는 말을 많이 쓰기도 하고 듣기도 했는데, 요즘에는 거의 들어보지 못했다. 이제 동심이라는 말은 20세기에 쓰던 단어로 취급되는 느낌이며, 동심이라는 단어의 활용법도 방정환 선생 시대와는 많이 달라졌다. 각종 포털 사이트를 검색하면 동심의 연관어로 '동심 파괴'가 많이 등장한다. '동심여선童心如仙'에서 '동심 파괴'라는 언어를 탄생시킨 우리 시대의 교육적 자화상은 어떤 모습일까?

동심 파괴의 생생한 현장을 이번 교육감 선거에서도 만났다. 공무원의 정치적 중립이라는 조문條文이 중립을 넘어 표현 금지나 판단 금지로 강요되는 현실에서 이번 교육감 선거도 역시나 교육에 대한 희망보다는 답답함으로만 다가온다. 교육감 선거의 모습이 지난번 국회의원과 대통령 선거, 지금 진행 중인 지방자치단체장이나 의원을 뽑는 다른 선거와 크게 다를 바 없기 때문이다.

주지하다시피 이번 6월 1일에 실시되는 제8회 전국동시지방선거에서 유권자는 기본적으로 7장의 투표용지를 받게 된다(국회의원 보궐 선거 지역은 1장 더). 그런데 7장 중 교육감용 투표용지는 자치단체장이나 의원을 뽑는 다른 6장과 양식이 다르다. 6장의 투표용지에는 기호와 정당이 있는데 교육감용 투표용지에는 이름만 있을 뿐이다. 교육감의 정치적 중립 의무에 따른 것이다. 나는 이런 선거 시스템을 이렇게 읽는다. 교육감 선거 과정은 다른 선거와는 다른 모습이어야 한다고.

그렇다면 직전의 국회의원과 대통령 선거, 지금의 지방자치단체장과 지방의원 선거에서 볼 수 있는 우리의 선거 문화를 어떻게 평가할 수 있을까? 많은 사람이 동의할 것이다. 결코 좋은 점수를 줄 수 없다고. 달라져야 한다고. 어떠하길래? 심한 평가일 수도 있지만, 우리 선거 과정에서의 잘못된 풍토 세 가지를 지적하고 싶다.

첫째, 상대 후보는 경쟁자가 아니라 적이 되어버렸다. 선거는 선택이다. 일반적으로 두 사람 이상의 경쟁자가 존재한다. 그리고 그 경쟁자 중에서 국민이 선택한다. 그런데 지금 우리의 선거 문화에서는 상대방 후보가 경쟁자가 아니라 적이다. 경쟁자와 적의 가장 큰 차이점은 무엇일까? 경쟁자는 공존의 토대 위에서 경쟁하지만 적은 공존의 대상이 아니다. 적은 나와 함께 실력을 겨루고 국민의 선택을 기다리는 경쟁자가 아니라 함께 지낼 수 없는 척결의 대상이다. 삐딱한 댓글의 표현을 빌리자면 상대 후보는 '지구상에서 사라져야 할 사람'이다.

둘째, 객관적인 판단력을 잃어버렸다. 후보자 중 누군가를 선택하려면 팩트에 기반한 객관적이고 이성적인 판단이 필요하다. 그런데 경쟁자가 아닌 아군과 적군이 되어버린 현실에서 선택을 인도하는 것은 맹목적인 사랑과 증오의 감정이다. 사랑에 눈이 멀고 증오에 눈이 충혈되어 있다. 내 편은 무조건 옳고 사랑스러우며, 상대편은 무조건 틀리고 증오스럽다. 이런 맹목은 선거 후에 큰 후회를 남기기도 한다. 선거가 끝난 후 자신이 선택한 후보가 기대한 역할을 하지 못하면 '내 손가락을 잘라버리고 싶다'라는 댓글들이 종종 등장한다.

셋째, 말이 거칠어졌다. 선거를 하다 보면 상대방에 대한 어느 정도의 비판과 비난은 나타날 수밖에 없다. 하지만 그 수위가 점점 심해진다. 선을 넘어섰다는 이야기를 서로 던진다. 사례를 언급하면 실감 나겠지만, 도저히 지면에 옮길 수 없을 정도다. 선거에서 비판을 넘어 혐오의 언어들이 넘실댄다. '혐오 표현'에서의 혐오는 일상적 의미와는 조금 다르다. 여기서 혐오는 그냥 감정적으로 싫은 것을 넘어 어떤 집단에 속한 사람들의 고유한 정체성을 부정하거나 차별하고 배제하려는 태도를 뜻한다(홍성수, 『말이 칼이 될 때』). 상대방의 존재 자체를 부정하고 배제하는 이러한 혐오의 언어들이 우리 선거 과정에서 서로 경쟁하듯 출몰한다.

교육감 선거는 이러지 말아야 한다. 교육감이 되겠다는 사람이 어찌 교육 종사자와 일반 시민을 아군과 적군으로 구분할 수 있는가? 어찌 한쪽은 맹목적인 사랑의 눈으로, 한쪽은 증오의 눈으로 볼 수 있단 말인가? 교육감이 되겠다는 사람의 입에서 어찌 그리 험한 말이 나올 수 있단 말인가?

교육감 선거는 일반 선거와 달라야 한다. 한마디로 '교육감 선거는 교육답게' 치러야 한다. 지방자치단체장이나 지방의원 선거에 나선 사람들이 내세우는 공약은 시민 삶의 모든 내용을 포함하고 있다. 하지만 교육감 선거는 교육이라는 특정한 영역을 설정해놓고 후보자에게 일정한 교육적 경력을 요구하고 있다. 그렇다면 선거의 모습도 달라야 한다. 교육다운 모습으로 전개되어야 한다.

특히 거친 말이 난무하는 모습부터 고쳤으면 좋겠다. 앞에서 지적한 우리 선거 문화의 세 가지 문제점 중에서 당장 실행에 옮기기 쉽기 때문이다. 경쟁자가 아닌 적으로 취급하는 태도, 객관적 판단력 상실 등의 문제를 해소하려면 좀 더 시간이 필요해 보인다. 하지만 선거판에서 춤추고 있는 혐오의 언어들은 결심과 실천 의지에 따라 당장 지금부터라도 그 사용을 줄이거나 없앨 수 있다.

많은 학교의 건물에는 교육적 캐치프레이즈가 게시되어 있는데, '바른 말 고운 말을 쓰자'라는 내용도 있다. 직설적으로 '친구에게 욕을 하지 말자'도 있다. 그런데 지금 교육감 선거를 보면 ○○, ○○○, ○○○ ○○ 등과 같은 혐오, 배제 그리고 욕설에 가까운 표현들이 난무하고 있다. 유권자의 무관심으로 '깜깜이 선거'라는 오명에 비교육적인 '막말 선거'라는 오물까지 뒤집어쓴 형국이다.

나는 이번 교육감 선거에서 후보자의 도덕성, 능력, 제시한 정책 등 여러 가지를 종합적으로 살펴보겠지만, 혐오와 배제 그리고 욕설에 가까운 언어를 쏟아내는 후보에게는 눈길을 거두려 한다. 만약 그런 사람이 교육감이 되었을 때 '바른 말 고운 말을 쓰자'라는 글을 실천하며 학교에 다니는 어린이들 앞에 어떻게 바로 설 수 있겠는가?

교육은 결과만이 아니라 과정도 중요하다는 말을 우리는 당연히 여긴다. 수학 시험의 문제풀이 문항에서도 정답보다는 풀이 과정에 더 많은 점수를 배정한다. 교육감 선거도 누가 선택받느냐보다는 선택의 전개 과정에 더 많은 관심을 배정해야 한다. 교육다움의 모습으로 선거에 임하는 후보에게 더 많은 점수를 주어야 한다.

방정환 선생이 어린이날을 제정한 지 100년이 되었다. 지방자치단체장이나 지방의원을 뽑는 선거가 투표권이 있는 어른들을 향한 경쟁이라면, 교육감 선거는 투표권이 없는 어린이들을 향한 경쟁이어야 한다. 비록 교육감 선거의 투표권은 어른들에게 있지만 최후의 시선은 어린이들에게 있어야 한다. 교육감이 된 이후에도 어린이들 앞에서 '나 떳떳해요'라고 나설 수 있어야 한다. 그렇기에 '교육감 선거는 교육답게' 치러야 한다.

방정환 선생의 '동심여신'이라는 네 글자는, 지금 교육감 선거를 앞둔 우리에게 '교육답게'라는 네 글자로 읽혀야만 한다.

35

허준이
그리고 변별력
(2022년 7월)

　　2022년 7월 교육계는 수학계의 노벨상이라는 필즈상을 수상한 허준이 프린스턴 대학 교수 이야기로 뜨겁다. 우선 수상에 대한 축하와 기쁨으로 뜨겁고, 우리 교육에 대한 언론의 분석과 칼럼이 뜨겁다. 그런데 그 뜨거움만큼의 감흥은 거의 없다. 언론의 많은 주장이 너무나 자주 보아온 거의 공식과 같은 모습에서 벗어나지 않기 때문이다. 즉 한국인이 어떤 분야에서 큰 상을 받거나 공헌을 했을 때 현재 한국의 교육 시스템으로는 그것이 불가능하다는 투의 이야기다.

　이번에도 문제풀이식 한국 수학 교육의 문제, 더 나아가 그렇게 할 수밖에 없는 입시에 종속된 한국 교육 시스템의 문제가 어김없이 지적되었다. "입시에 갇힌 수학 교육, 제2 허준이는 없다"라는 기사 제목은 우리 교육에 대한 유형화된 자학自虐의 모습을 생생하게 보여준다. 도돌이표 같은 지적과 반성에 큰 감흥도 없고, 이런 반성이 우리 교육의 체질 개선으로 이어

교육과 ——— 교육학 사이

질 것이라고 기대하는 사람도 드물다.

왜 감흥과 기대가 없는 것일까? 이미 다 알고 있는 문제이고 별 이견이 없기 때문이다. 삐뚤어진 우리 교육 문제의 뿌리는 입시(특히 대입)에 있고, 그것은 고르디우스의 매듭처럼 단칼에 해결할 수 없음을 알고 있기 때문이다.

입시에 모든 책임을 돌리는 현실 앞에서 허준이 교수가 인터뷰와 강연을 통해 던진 여유, 자유, 창조, 수학의 즐거움 등과 같은 단어는 공허하기만 하다. 이런 헛헛함을 가져온 주범이 무엇일까를 생각하다가 '변별력의 늪에 빠진 수능 문항'이 떠올랐다. 물론 이것도 결코 새로운 이야기가 아니다.

교육부의 「학교생활기록 작성 및 관리 지침」(교육부 훈령 제393호, 2022.3.1.)에 따르면 "지필 평가 문제는 타당도, 신뢰도를 제고할 수 있도록 출제하고……"로 되어 있다. 그리고 이를 근거로 만든 각 시도교육청의 「학업성적 관리 지침」도 대부분 이 기조를 그대로 적용하고 있다.

그런데 현실은 어떤가? 수능 시험 문항부터 학교 시험 문항까지 타당도와 신뢰도보다 변별도를 우선적으로 고려한다. 여기서 교육학 개론 기초로 돌아가서 평가 문항에서의 타당도, 신뢰도, 변별도의 의미가 무엇인지를 다시 한번 확인해보자.

타당도는 원하는 것을 제대로 된 방식으로 측정하고 있느냐의 문제다. 학생의 지능을 측정한다고 하면서 줄자로 머리둘레를

젠다면 제대로 된 방식이 아니다. 타당도가 없는 측정 방식이다.

신뢰도는 검사나 시험의 점수가 얼마나 일관성을 갖느냐는 것이다. 키를 세 번 측정했는데 첫 번째는 165센티미터, 두 번째는 170센티미터, 세 번째는 175센티미터로 나온다면 측정치 간에 일관성이 없다. 신뢰도가 떨어지는 것이다.

변별도는 시험 문항이 성적이 높은 학생과 낮은 학생의 실력 차이를 제대로 구별해줄 수 있느냐는 것이다. 어떤 시험 문항에 대해 상위 집단의 정답률이 하위 집단의 정답률보다 높았다면 변별도 있는 문항이고, 차이가 없다면 변별도 없는 문항이다. 문항이 너무 어렵거나 쉬운 경우 변별도가 떨어진다.

교육학 개론에 있는 상식적인 내용을 왜 다시 확인해야만 하는가? 이러한 상식이 통하고 있지 않기 때문이다. 이전의 학력고사에 비해서 수능 시험이 갖는 장점에 대한 찬미에도 불구하고, 지금 우리 사회에서 수능 시험에 요구하는 것은 타당성이나 신뢰도가 아니라 학생들의 성적 서열화를 제대로 가늠할 수 있는 변별도를 갖춘 시험 문항, 즉 변별력이다.

역사적으로 보아도 『시험국민의 탄생』(이경숙)의 저자가 다음과 같이 말하는 것처럼, 시험 문항의 타당성이 무엇보다 중요함을 인정하면서도 사람들은 오히려 변별력을 물고 늘어졌다.

숱한 시험을 치면서도 사람들이 시험의 타당성을 묻는 경우는 흔치 않다. 중일전쟁 무렵 일제가 중등학교 입학 구술시험에서 냈던 문제들이 지금 보면 침략전쟁을 정당화하기 위한 질문이 분명한데도, 당시에는 누구도 시험문제가 타당한가라고 묻지 않았다. 지금도 평가가 물어야 할 내용을 묻는가 하는 타당성은 전문적 영역이라 밀쳐두고 마는 경향이 있다. 그러나 타당도를 제외하고 객관성, 공정성, 변별력 중 무엇 하나라도 어긴다면 그 평가는 순식간에 논쟁에 휩싸이고 살아남지 못한다.

변별력이 시험문제의 핵심 논쟁으로 등장한 것은 2001학년도 대학수학능력시험이었다. 당시 응시자 85만 명 중 66명이 만점을 받자 언론은 '물수능'이라는 비난을 퍼부었다. 이에 대한 반작용으로 이듬해 어려워진 시험은 '불수능'이라 질타받으면서, 이제 수능 시험 성공의 열쇠는 시험 문항의 타당도나 신뢰도가 아닌 변별력이 되어버렸다.

대학 서열화가 심해질수록 변별력 요구도 더욱 커졌다. 학생들의 종합적 사고력을 평가할 수 있는 타당성 높은 문제보다 대학의 이름값에 맞게 학생들을 위에서부터 아래로 순서대로 자리매김할 수 있는 시험 문항을 요구했다. 이 적절한 변별력의 달성 여부에 따라 수능 시험을 주관하는 한국교육과정평가원장의 직위 유지가 결정되기도 했다.

어느새 수능 시험 문항의 최고 가치가 되어버린 변별력. 물론 시험 문항이 선발 기제로의 역할을 하기 위해서 변별력이 필요하다. 하지만 지금의 수능 문항은 의미 있는 변별력이 아닌 무지막지하고 억지스러운 변별력의 칼을 휘두르고 있다. 변별을 위한 킬러 문항이 그 극단에 있다. 킬러라는 오싹한 단어를 우리는 국가가 관장하는 시험에서 공공연하게 사용하고 있다. 학생들에게 킬러 문항은 시험 문항이 아니라 그냥 킬러다. 학생들의 사고력·창의력을 죽이는 킬러다. 꿈을 죽이는 킬러다. 제2의 허준이가 될 수 있는 싹을 죽이는 킬러다.

나는 변별력辨別力의 사전적 의미부터 마음에 들지 않는다. 국어사전에 변별력은 '사물의 옳고 그름이나 좋고 나쁨을 가리는 능력'으로 정의되어 있다. 辨(분별할 변)은 죄인 둘이 서로의 잘잘못을 따지는 모습 중간에 刀(칼 도)가 들어가서 둘 사이를 칼로 자르듯 잘잘못을 판가름한다는 뜻이다. 영어 discrimination도 죄crime를 식별discern한다는 의미다.

왠지 부정적 느낌이다. 그냥 공부 잘하는 학생과 부족한 학생에 대한 구별 정도로만 여겼던 단어가 옳고 그름, 좋고 나쁨, 그리고 잘잘못을 구별한다는 의미로 해석될 수 있다니 섬뜩하기만 하다. 공부 잘하는 학생은 옳고 좋으며, 부족한 학생은 그르고 나쁘다는 말인가?

교육은 변별이 아니라 평가여야 한다. 변별이 학생들을 갈라치기하는 것이라면, 평가는 학생의 잠재적 가치value를 밖으로e 끄

집어내어 헤아리는evaluation 것이다. 변별과는 다르게 긍정적이다.

선발을 위한 기능으로 수능 시험에서 변별력을 요구하는 것은 어쩔 수 없다. 하지만 그것은 교육적으로 요구되는 학생들의 다양한 능력을 평가하는 수단이지, 변별력 자체가 목적이 되어서는 안 된다. 변별의 방식이 학생들의 창의력과 탐구력을 억압하고 수업 개선 노력을 좌절시키는 굴레가 되어서는 안 된다.

하지만 이게 말처럼 쉬운 일이 아니다. 정의와 공정성이라는 구호 아래 교육의 타당성보다 기계적 변별을 요구하는 사회적 요구가 강하기 때문이다. 그렇기에 『수업 시간에 자는 아이들』(성열관)의 저자는 "언제나 수업을 바꾸려는 행위는 변별 시스템으로서의 학교를 바라보는 사회와 대결을 벌이는 일임을 명심해야 한다"라고 경계하고 있다.

새로운 정부가 출범한 지 두 달이 훌쩍 지났지만, 교육부의 존재감이 어디서도 드러나지 않는다. 억지로 떠맡겨진 산업인력 양성, 유보 통합도 해야 한다. 하지만 사회와의 대결을 각오하고서라도 왜곡된 변별력의 늪에서 교육을 끌어내는 것, 이것이 교육부가 해야 할 일이다. 교육부의 존재 이유가 여기에 있다. 제2의 허준이를 키우는 길이다.

36

메타버스 시대,
우리 교육은?
(2023년 1월)

아바타의 모습으로 북적거리는 사람들과 함께 메타버스가 오고 있다. 메타버스에는 잘난 사람도 살고 인공지능에 의해 일자리를 잃게 될 가난하고 무력한 사람들도 산다. 컴퓨터 그래픽이 만드는 밝고 투명한 공기 속에서 모든 것이 무중력의 액체 속에 잠긴 듯한 그곳이 미래에 대한 희망과 불안 속에 서서히 그 모습을 드러내고 있다(이인화, 『메타버스란 무엇인가』).

계묘년癸卯年 토끼의 해. 계수나무 아래서 방아를 찧고 있는 토끼의 그림자를 확인하기 위해 직접 달나라에 가볼 수 있는 세상이다. 더 나아가 메타버스로 구현된 달에서 살아 있는 토끼와 대화할 수 있는 시대다. 거기에서 만난 토끼는 우리에게 다음과 같이 말한다. '메타버스는 단순한 현실 세계의 모방이 아니라 현실보다 더 재미있고 더 새로운 현실을 꿈꾸게 하는 가능성의 세계'라고. 미래에 대한 희망과 불안 속에서 새롭게 등장하는 가능성의 세계, 우리 교육은 어떤 가능성을 꿈꾸고 있는가? 메타버스 시대에 교육의 의미는 무엇인가?

교육학 개론에서는 교육의 의미를 교육教育, education, pedagogy이라는 단어의 어원으로부터 도출한다. 이로부터 다양한 의미로 교육을 설명하지만, 공통으로 언급되는 성격이 있다. 변화, 발전, 가능성 등이다. 교육의 목적은 인간의 변화에 있다. 가치관의 변화, 행동의 변화, 능력의 변화 등이다. 이때 변화란 당연히 바람직하고 발전적인 방향으로의 변화를 말한다. 부조리한 인간, 퇴보하는 인간을 목적으로 교육하지는 않는다.

교육(공교육, 학교교육)은 그 목적 달성을 위해 국가 차원에서 학교라는 시스템을 만들고 엄청난 물량을 투입한다. 목적 달성을 위해 지금의 어려움을 참아내고 발전하는 자신의 모습에 기뻐하기도 하며, 애초에 그렸던 가능성을 넘어 더 큰 가능성을 그리기도 한다. 이런 의미에서 메타버스는 단순한 기술 발전의 패러다임을 넘어 교육이 꿈꾸는 가능성 영역의 무한한 확대로 연결될 수도 있다. 어쩌면 메타버스는 우리가 꿈꾸는 새로운 학교의 모습일지도 모른다.

하지만 우리 사회에서의 교육 이야기는 이러한 무한한 가능성의 세계를 제대로 담아내지 못하고 있다. 가능성보다는 현실성을 앞세우며 합리적 비판보다는 단편적 비난으로 교육을 주눅 들게 만든다. 교육적 고려보다는 정치적 접근에 휘둘려서 교육의 자존감에 상처를 내기도 한다. 교육을 힘들게 하는 우리 교육 담론의 문제점으로 다음과 같이 세 가지를 들 수 있다.

첫째, 교육 자체에 관한 이야기가 부족하다. 교육 전문가와 우리 교육에 대해 걱정하는 사람들은 교육에 대해 많은 글과 말들을 쏟아낸다. 그런데 그 많은 글과 말의 마무리는 기막힐 정도로 유사하다. 현실의 정확한 인식과 함께 교육의 본질적 의미를 잊지 말아야 한다는 당위론적 충고다.

지금까지 교육의 특정 사안에 대해 문제점을 지적하고 그 문제 해결을 위한 조건들을 장황하게 늘어놓다가 결론은 교육의 본질 짚어보기를 요구한다. 하지만 그 본질적 의미가 무엇인지를 밝히는 주장은 보기 어렵다. 주장의 타당성 여부를 떠나서 논자論者가 생각하는 교육의 본질적 의미를 제시하지 못한다. 교육의 조건, 교육과 연관된 것 등만 이야기할 뿐, 이 시대가 요구하는 교육의 의미가 무엇인지 교육 자체에 대한 이야기가 없다.

둘째, 역사와 맥락이 없는 교육을 말한다. 교육을 역사적 맥락의 흐름으로 보는 것이 아니라 완벽하게 갖추어진 정답 개념으로 본다. 그래서 조금이라도 문제점이 나타나면 이전의 것을 무조건 잘못된 것으로 본다. 이전의 것이 잘못되었다는 전제에서 새로운 교육의 방향이 제시되어야 한다고 주장한다.

하지만 교육은 정답이 아니라 흐름이고 변화다. 문제점이 있어 보이는 사안도 특정한 시대와 맥락에서는 나름대로 의미가 있을 수 있다. 시대의 변화에 따라 타당성과 의미를 바라보아야 한다. 대입 수능 무용론이 그 사례다. 나는 수능 방식 자체가 출발점부터 잘못이라고 생각하지 않는다. 다만, 1993년에 시작한 수능이 30년이 지난 지금의 맥락에서는 그 타당성과 시효가 다 되었을 뿐이다. 교육을 말하면서 이전의 것을 단칼에 비非교육적이거나 반反교육적 행위로 단죄해서는 안 된다.

셋째, 이해당사자의 관점에서 교육을 말한다. 많은 사람이 교육 문제를 말하고 새로운 교육의 필요성을 말하지만, 그들이 말하는 교육의 의미는 제각각이다. 심하게 말하면 우리에게 객관적 의미의 '교육'은 없다. 대학에는 현실에 토대를 두지 못한 '교육학'이 있을 뿐이고, 교육부(교육청)에는 표를 의식한 '교육정책'이 있을 뿐이다. 학교 현장에는 소위 명문 학교 입시를 위한 '교육열'만 있을 뿐이다.

교수는 이론 중심의 교육학만 가르치고 교사는 경험 중심의 수업만 하며, 교장(감)은 학교 경영만 하고 행정실은 교육 행정만 한다. 그리고 교육 당국은 지시와 관리만 하며, 교육에 대해 한마디씩 하는 일반 국민은 자신의 이해관계에 따라 교육의 의미를 재단裁斷한다. 우리 모두 함께하는 교육에 대한 공유지는 없다. 모두 학생을 위한다고 하지만, 실제로 학생의 의견을 들어보지는 않는다.

이렇게 발전적 담론談論보다는 정파적 언쟁言爭의 대상이 되어 버린 우리 교육, 어떻게 교육적으로 회복할 수 있을까? 어떻게 교육의 위상을 바로 세울 수 있을까? 나는 그 방법으로 '균형의 교육'을 제시한다. 지금 우리 교육은, 그리고 학교는 너무 피곤하다. 왜? 그 이전에 겪어보지 못했던 너무나 많은 요구가 쏟아져 들어오기 때문이다.

교육이라는 타이틀을 걸고 수많은 콘텐츠가 쏟아진다. 학교는 교실이 아니라 실험실이 되어버렸다. 그 실험의 과정에서 우리 교육은, 그리고 학교는 출렁거린다. 심한 배멀미를 느낀다. 이런 현실에서 지금 우리 교육에는 무엇보다도 균형 잡기가 필요하다. 새로운 시대에 '새로운 교육'도 필요하지만, 온전한 상태로 항해할 수 있는 '균형의 교육'이 시급하다. 그렇다면 어떤 것부터 균형을 잡아야 할까?

첫째, 현재와 미래의 균형이다. 현재 우리 사회에서 교육에 관해 이야기하다 보면 '미래'라는 단어가 필수적으로 등장한다. 4차 산업혁명, 인공지능AI, 메타버스 등의 문구가 새겨진 깃발들이 교육의 대열 앞에서 펄럭이며 미래를 향해 따라오라고 강하게 요구하고 있다. 왠지 자발적으로 나아가는 것이 아니라 끌려가는 기분이다. 과잉화된 미래, 강요된 미래처럼 여겨진다.

원래 교육 자체가 미래를 함유한 활동이다. 현재보다는 발전적으로 변화될 학생의 가능성을 보고 수행하는 활동이다. 따라서 우리가 살고 싶은 유토피아적 사회의 기획, 그것을 이루기 위한 미래지향적 교육 방향의 설계는 당연하다. 하지만 이 미래의 기획이 현재의 삶을 혹사시키는 강요가 되어서는 안 된다. 현재의 행복을 경험하지 못한 사람은 미래의 행복을 꿈꾸지 못한다. 그가 그리는 것은 미래의 행복이 아니라 현재로부터의 탈출일 뿐이다.

현재를 위한 교육, 미래를 향한 교육의 균형이 필요하다. 우리에게는 미래형 민주시민으로서의 학생만이 아니라 현재형 민주시민으로 살아가는 학생도 필요하다. 우리가 메타버스에서 만나는 세상은 단순한 미래형 모방과 가상이 아니라 현재의 우리가 살아가는 현실이기도 하다. 메타버스는 우리 교육에게 가상과 현실, 미래와 현재를 함께 요구하고 있다.

둘째, 배움과 가르침의 균형이다. 배움의 공동체! 지금은 너무나 당연하게 들리지만, '배움'이 교육의 핵심 의미로 받아들여진 것은 그리 오래된 일이 아니다. 전통적으로 우리에게 교육이란 '가르칠 교敎'와 '기를 육育'이라는 어원에서 보듯이 학생 중심의 배움보다는 교사 중심의 가르침에 중점이 있었다. 배움의 주체로서 학생의 모습은 잘 보이지 않았다.

이러한 권위주의적 교육에 대한 저항으로 학습자 중심의 배움이 강조되기 시작했다. 그것은 근대학교 중심의 획일적 가르침에 대한 대항적 행위로서 '배움학'이요, '페다고지pedagogy'로 대표되는 기존의 학교학에 대한 대안적 패러다임이라고 할 수 있다(심성보, 『프레이리에게 변혁의 길을 묻다』). 학생은 스스로 배우는 학습자가 되고, 교사는 가르치는 자에서 지원자나 촉진자가 되었다.

그런데 '배움(학습)learning'이 강조되면서, 정작 교육이 무엇인지를 설명하기 어렵게 되었다. 이런 의미에서 교육의 위기는 '가르침의 위기'라고도 할 수 있다. 배움(학습) 담론이 전면화되면서 그 무엇보다 교사의 가르침이 설 자리를 잃고 있기 때문이다. 가르침과 배움의 균형이 필요하다. 가르침과 배움이 함께 일어날 때 진정한 교육이 탄생한다.

학교교육에서 학습자의 욕구와 흥미를 중시하는 '학습주의'가 인류 문화의 유산을 전달하는 '가르침'의 역할을 전제하지 않는다면 '방법주의'로 전락할 위험이 있다는 것을 유의해야 한다. 따라서 교육주의(가르침주의)와 학습주의(배움주의)의 극단적 이분법을 넘어서는 변증법적 관계 및 대화가 필요하다(심성보, 『프레이리에게 변혁의 길을 묻다』).

셋째, 경쟁과 협력의 균형이다. 학생 간 경쟁의 현실에 대해 경쟁을 옹호하는 입장과 거부하는 입장 간의 논쟁이 뜨겁다. 경쟁을 옹호하는 입장에서는 부족한 재화를 차지하기 위한 적자생존의 논리를 들어 경쟁을 피할 수 없는 운명으로 여긴다.

경쟁을 거부하는 입장에서는 경쟁을 타고난 본성이 아니라 학습되는 현상으로 본다. 경쟁은 사회화 과정을 통해 강조되는 것이며 모든 문화권에서 경쟁을 강조하는 것은 아니라고 본다. 또한 경쟁을 옹호하는 입장에서는 경쟁을 통해 사람들은 최선을 다하게 되고 이의 결과로 개인적으로나 사회적으로 최대의 결과를 낳는다고 본다. 경쟁을 거부하는 입장에서는 경쟁이 학생을 불행하게 만들 뿐이며 경쟁보다는 협력이 높은 성취를 위한 더 효율적인 방법이라고 한다.

이런 기본 전제로부터 대립하기에 학교교육에서 경쟁을 바라보는 관점은 그 어느 영역보다도 선명하게 갈린다. 이제 경쟁에 대한 운명론적 수용이나 악마론적 기피를 넘어 경쟁과 협력의 균형점을 찾아야 한다. 접점이 없는 것은 아니다. 경쟁을 거부하는 입장에서도 실존하는 교육 현장의 경쟁 체제를 부정할 수 없다. 경쟁을 옹호하는 입장에서도 경쟁이 아닌 협력이 갖는 높은 효과성을 부정할 수 없다. 어떻게 보면 경쟁과 협력은 대립 관계가 아니라 상호 보완 관계일 수 있다.

우리 사회에 팽배한 경쟁 문화는 신념으로 극복될 수 있는 간단한 것이 아니다. 경쟁이 일어날 수밖에 없는 환경에서 경쟁을 부정하고 외면한다고 문제가 해결되지는 않는다. 교육에서도 마찬가지다. 소모적이고 비인간적인 경쟁을 막고 교육적 경쟁이 이루어지도록 설계하는 것이 필요하다. 경쟁과 협력의 적절한 균형이 필요하다.

산업화 시대 우리는 한번 잘살아보자며 무거운 짐을 짊어지고 묵묵히 걷던 낙타였다. 절대 빈곤이라는 현실을 이겨내기 위해 권위와 의무를 받아들였던 낙타였다. 민주화 시대 우리는 사람대접을 받겠다며 투쟁하던 사자였다. 낙타의 굴종을 비판하고 부정했지만 그 이상의 새로운 가치를 창조하지는 못하고 방황했던 사자였다. 지능정보화 시대 우리는 순진함과 호기심으로 매일 새로운 가치를 발견하는 아이다. 낙타와 사자를 극복한 우리는 어제를 잊고 오늘을 긍정하며 명랑과 희망과 자부심을 가지고 새로운 내일을 그려내는 아이다. 메타버스는 극강의 긍정으로 살아가는 아이의 매체다(이인화, 『메타버스란 무엇인가』).

메타버스의 시대. 낙타와 사자라는 어른의 시각이 아닌 호기심과 긍정으로 내일을 그리는 아이의 시각으로 우리 교육을 재설계해야 한다. 생존 경쟁과 진영 논리에 의해 수시로 흔들리는 교육의 방향타를 균형의 교육으로 바로 잡아야 한다. 제레미 리프킨 J. Rifkin 은 진보의 시대를 이끈 것이 '효율성'이었다면, 지구의 생존을 위한 '회복력 시대 Age of Resilience'에는 '적응성'에 발을 맞춰야 한다고 호소한다. 우리 교육에 대입해보면 적응성이란 다름 아닌 교육의 균형 회복이다.

'교육 깨기'에서
'교육 해체'로

교육은 좋든 나쁘든 우리의 삶과 늘 함께하는 생물이다. 현재 우리 사회에서 교육은 삶의 한 영역이 아니라 전부다. 그렇기에 교육에 대해 온 국민이 한마디씩 하고 늘 걱정한다. 개인적 걱정이 집단적 싸움으로 이어지기도 한다.

현재 우리 사회는 다양한 교육 현안이 논쟁을 넘어 갈등으로, 갈등을 넘어 투쟁으로 전개되는 교육 위기의 상황에 처해 있다. 대입 공정성 문제로부터 공교육과 사교육, 혁신 교육, 민주시민 교육, 미래 교육, 돌봄교실, 학생인권과 교권, 학력 저하, 일제고사, 학벌 타파 등 다양한 사안에 대해 그 어느 때보다 시끄럽다.

교육 현안에 대한 이러한 시끄러움이 새삼스러운 것은 아니지만, 문제는 시끄러운 만큼 뭔가 속 시원한 결과물이 나타나지 않는다는 것이다. "낡은 것은 죽어가는 데도 새로운 것은 아직 탄생하지 않았다는 사실 속에 위기가 존재한다. 바로 이 공백 기간이야말로 다양한 병적 징후가 출현하는 때다"라는 그람시 A. Grammsci의 위기론이 현재 우리의 교육이 안고 있는 위기를 말하는 것이라고 할 수 있다.

이렇게 많은 전문가와 국민이 중요한 교육 현안에 대해 다양한 문제 제기와 처방을 제시하고 있음에도 불구하고 왜 새로운 것이 나타나지 않는 것일까? '기존의 낡은 교육으로는 안 된다. 새롭게 시작해야 한다'라고 힘을 모아 외치는데도 왜 새로운 교육 담론은 등장하지 못할까?

나는 우리 교육에 대한 논의가 '교육 해체'가 아닌 '교육 깨기' 중심으로 전개되는 데 그 원인이 있다고 생각한다. 우리 교육의 현안에 대한 논쟁과 비판은 끊임없이 이어졌고 지금도 매일 언론에서는 잘못된 교육적 관행에 대한 '깨기' 작업이 쏟아져 나오고 있다. 그렇게 깨어지는 것은 많은데, 왜 그 자리에 새로 지어지는 건축물은 없을까? 그것은 '깨기'가 '해체'로 발전하지 못했기 때문이다.

많은 사람이 새로운 교육 담론의 탐색을 위해 여러 가지 분석과 처방을 내놓고 있지만, 창조적 대안의 모색보다는 교육을 형해화形骸化시키는 깨기 작업에 열중한다. 우리 사회 전체와 미래 그리고 교육의 본질 회복을 위한다고 말하지만 실제로는 자신의 이해관계와 존재가치를 높이려고 '도장 깨기'에 나선 싸움꾼들만 그득하다. 지금 우리에게는 '교육 깨기'가 아니라 '교육 해체'가 필요하다.

그럼, '교육 깨기'와 '교육 해체'는 어떻게 다를까? 낡고 오래된 건축물을 처리하는 공사에 비유해보자. '깨기'가 낡고 오래되고 불필요한 건축물을 철거하는 작업이라면, '해체'는 낡고 오래되었지만 보존해야 하는 건축물을 복원하는 작업이다. 여기서 해체의 대상이 되는 건축물은, 예를 들어 오래되어 일부분만 남아 있는 문화유적 같은 것들이다.

'깨기' 작업과 '해체' 작업은 세 가지 점에서 차이가 있다.

첫째, 작업의 목적에서 차이가 있다. 깨기는 기존의 것을 없애는 데 목적이 있지만, 해체는 기존의 것을 분해하여 새로운 모습을 구축하는 데 목적이 있다. 깨기는 말 그대로 낡고 오래되어 불필요한 건축물을 깨뜨려 부숴버리는 것이다. 존재 자체를 없애는 것이다. 하지만 해체는 문화유적과 같이 낡고 오래되고 일부 흔적만 남아 있지만 소중하기에 복원하려는 것이다. 즉 새로운 의미의 존재로 재탄생시키는 작업이다. 따라서 작업 과정에서 나오는 잔해들은 전혀 다른 취급을 받는다. 깨기 작업에서 나온 잔해는 버려야 할 폐기물이지만, 해체 작업에서 나온 잔해는 소중히 간직해야 할 유물이다.

둘째, 작업의 범위에서 차이가 있다. 깨기는 보이는 것 중심으로 작업하지만, 해체는 보이지 않는 것까지 고려해 작업한다. 깨기의 목적은 깨뜨리고 부숴버리는 것이기에 눈에 보이는 대상에만 신경 쓴다. 눈에 보이지 않는 것은 깨뜨릴 대상도 아니고 깨뜨릴 수도 없다. 하지만 해체는 보이지 않는 것까지 신경 써야 한다. 문화유적을 해체할 때 아래(땅속)에 숨어 있는 보이지 않는 것도 염두에 두어야 하는 이치다. 겉으로는 보이지 않지만 땅속에 있는 구조물은 해체한 잔해들을 다시 쌓아야 할 토대이기 때문이다. 보이지 않는다고 해서 존재하지 않는 것은 아니다. 진정한 해체는 보이는 것과 보이지 않는 것의 끈끈한 연결 위에서 진행될 수 있다.

셋째, 작업의 속도에서 차이가 있다. 깨기 작업은 속도감 있는 진행을 요구하지만, 해체 작업은 속도를 중요한 요소로 여기지 않는다. 깨기의 목적은 부숴 없애는 것이고 이면에 있는 다른 것들을 신경 쓸 필요가 없으므로 속도감 있게 작업을 진행할 수 있다. 그리고 경제성 차원에서 속도감 있는 작업을 요구하기도 한다. 그러나 해체는 작업의 목적과 범위에 따라 느리게 진행될 수밖에 없다. 버리는 것이 아니라 새로운 구축을 위한 해체의 청사진을 검토하면서 진행해야 하므로 작업이 느리다. 보이는 것만 아니라 보이지 않는 것까지 고려하며 작업해야 하기에 느릴 수밖에 없다. 얼마나 빨리보다는 늦더라도 얼마나 조심스럽게 진행하느냐가 중요하다.

'깨기'와 '해체'의 관점에서 볼 때 현재 우리 사회에 폭풍처럼 등장하고 있는 교육 논쟁들은 '해체'보다는 '깨기'에 가깝다. 새로운 교육적 의미의 탄생을 꾀하는 해체보다는 기존의 교육적 시스템과 의미를 낡은 적폐로 재단하고 깨려고만 하는 모습이다. 교육의 본질적인 측면보다는 현상적이고 피상적인 모습에만 천착하는 양상으로 논쟁이 전개된다. 보이는 것만 논의의 대상이 되고 보이는 결과만 성과로 인정되다 보니 성과 없음에 대한 깨기의 모습만 보인다. 성과를 보여주려다 보니 충분한 논의와 고민보다는 여론을 의

식한 당장의 해결책을 주문하기도 한다. 얼마나 많은 허점이 있는 줄을 뻔히 알면서도 속도전을 요구한다.

해체의 철학자 데리다J. Derrida는 단순한 부정이나 파괴가 아니라 토대를 흔들어 새로운 가능성을 탐색하고 숨겨져 있는 의미와 성질을 발견하는 것을 해체로 보았다. 즉 단순한 파괴가 아니라 재건을 전제로 한 '해체'를 말한다. 따라서 구조화된 지배적 이야기를 해체하는 작업은 새로운 대안적 이야기를 발견할 수 있는 재구조화의 출발점이다. 지금 우리 교육에는 '깨기'가 아니라 데리다가 말하는 '해체'의 문법이 필요하다. '교육 깨기'를 넘어 '교육 해체'의 문법으로 나아가야 한다. 다양한 교육적 논의 대상이 깨기의 문법인 '싸울거리'나 '부술거리'가 아니라 해체의 문법인 '생각거리'나 '만들거리'가 되어야 한다.

우리 교육은 부서지고 있다. 이제 그 부서짐의 과정을 '교육 깨기'가 아니라 '교육 해체' 작업으로 전환해야 한다. 파머Parker J. Palmer가 『비통한 자들을 위한 정치학』에서 말한 '부서져 흩어지는broken apart' 마음이 아니라 '부서져 열리는broken open' 마음으로 교육 해체 작업에 들어가야 한다. 내가 지금까지 내뱉은 말들은 교육 해체의 작업이다. 앞으로도 이 작업은 계속될 것이다. 처음 교단에 섰을 때의 그 설렘과 배냇짓으로, 끈질기게 붙들고 있는 우리 교육에 대한 사랑으로 해체 작업을 지속하련다. 해체·복원된 새로운 교육의 성곽에 아름다운 배움의 깃발이 나부끼는 그날을 기다리며.

참고문헌

강태중(2019), 「대입 제도, 제발, 근본적으로 재검토하자」, 『교육처럼』, 교육을바꾸는사람들.

공지영(2011), 「인간에 대한 예의」, 『인간에 대한 예의』, 창비, 67-109.

김주환(2011), 『회복탄력성』, 위즈덤하우스, 17-19, 62.

김현경(2020), 『사람, 장소, 환대』, 문학과지성사, 26, 1-2장, 167.

김훈(2017), 『남한산성』, 학고재, 339-340.

나태주(2017), 「풀꽃」, 『꽃을 보듯 너를 본다』, 지혜, 74.

데이비드 타이악, 래리 큐반(1995), 『학교 없는 교육 개혁』, 권창욱·박대권 옮김(2011), 럭스
    미디어, 159-163, 205-206.

로버트 노직(1974), 『아나키에서 유토피아로』, 남경희 옮김(1989), 문학과지성사, 192-209.

리처드 리브스(2017), 『20 vs 80의 사회』, 김승진 옮김(2019), 민음사, 16-30, 122, 178-180.

림태주(2018), 「사이라는 말」, 『관계의 물리학』, 웅진지식하우스, 46-47.

마사 누스바움(1995), 『시적 정의』, 박용준 옮김(2019), 궁리.

마사 누스바움(2014), 『혐오와 수치심』, 조계원 옮김(2019), 민음사, 166-168, 182, 201,
    602-603.

마사 누스바움(2010), 『혐오에서 인류애로』, 강동혁 옮김(2017), 뿌리와이파리, 26-29, 53-
    56, 61-62, 65, 93-95.

마이클 샌델(2009), 『정의란 무엇인가』, 이창신 옮김(2010), 김영사.

마이클 애플(2012), 『교육은 사회를 바꿀 수 있을까?』, 강회룡 외 옮김(2015), 살림터, 50-51.

마이클 영(1958), 『능력주의』, 유강은 옮김(2020), 이매진, 28-30, 152, 172-173, 278-279.

마이클 왈저(1983), 『정의와 다원적 평등』, 정원섭 외 옮김(1999), 철학과현실사.

문정주, 최율(2019), 「배제의 법칙으로서의 입시제도: 사회적 계층 수준에 따른 대학 입시제
    도 인식 분석」, 『한국사회학』 제53집 제3호, 한국사회학회, 175-215.

박남기(2019), 『실력의 배신』, 쌤앤파커스, 19-21, 151-179.

박완서(2021), 『그 많던 싱아는 누가 다 먹었을까』, 웅진지식하우스, 89.

방정환배움공동체 구름달(2021), 『교사, 방정환에게 길을 묻다』, 살림터, 머리말, 89-90,
    122, 121, 156-157

성열관(2018), 『수업 시간에 자는 아이들』, 학이시습, 358.

교육과 ——— 교육학 사이

수가타 미트라(2020),『구름 속의 학교』 김보영 옮김(2021), 다봄교육, 239-240.

신을진(2020),『온라인 수업, 교사 실재감이 답이다』 우리학교, 32, 62.

심성보(2022),『프레이리에게 변혁의 길을 묻다』 살림터, 542, 555.

아델베르트 폰 샤미소(1814),『그림자를 판 사나이』 최문규 옮김(2019), 열림원.

악셀 호네트(1992),『인정투쟁』 문성훈, 이현재 옮김(2011) 사월의책.

알래스데어 매킨타이어(1931, 1984),『덕의 상실』 이진우 옮김(1997), 문예출판사.

알베르 카뮈(1947),『페스트』 김화영 옮김(2011), 민음사.

애덤 스미스(1759),『도덕감정론』 박세일, 민강국 옮김(1996), 비봉출판사, 27-40.

에드워드 윌슨(1998),『통섭』 최재천·장대익 옮김(2021), 사이언스북스, 프롤로그, 231.

에릭 리우, 닉 하우어(2011),『민주주의의 정원』 김문주 옮김(2017), 웅진지식하우스, 8-10,
16-17.

에버레트 라이머(1971),『학교는 죽었다』 김석원 옮김(1982), 한마당.

울리히 벡(1986),『위험사회』 홍성태 옮김(1997), 새물결, 52-59, 77, 98.

유발 하라리(2018),『21세기를 위한 21가지 제언』 전병근 옮김(2018), 김영사, 399.

이경숙(2019),『시험 국민의 탄생』 푸른역사, 188.

이기주(2016),『언어의 온도』 말글터, 141.

이수광(2020),「체제 전환의 교육 철학」『코로나19와 교육』 2020년 제3회 경기교육포럼
(경기도교육연구원), 1-27.

이인화(2021),『메타버스란 무엇인가』 스토리프렌즈, 168, 245.

이혁규(2021),『한국의 교사와 교사되기』 교육공동체 벗, 9.

자크 랑시에르(1987),『무지한 스승』 양창렬 옮김(2019), 궁리, 19-20, 29-32.

장덕진(2010),「공정성, 그 뜨거운 단추」《경향신문》 2010. 9. 9.

장상호(2020),『교육학의 재건』 교육과학사.

제레미 리프킨(2022),『회복력 시대』 안진환 옮김(2022), 민음사, 11-13.

조너선 하이트(2012),『바른 마음』 왕수민 옮김(2014), 웅진지식하우스, 15-18, 146, 343-
344, 486-487.

조희연(2018),「교육불평등과 '정의로운 차등'」『태어난 집은 달라도 배우는 교육은 같아야
한다』 더봄, 299-336.

존 듀이(1916),『민주주의와 교육』 이홍우 옮김(2019), 교육과학사, 9, 39, 41, 89.

존 롤스(1971),『사회정의론』 황경식 옮김(1989), 서광사, 25, 32-39, 103-109.

존 카우치, 제이슨 타운(2018), 『교실이 없는 시대가 온다』 김영선 옮김(2020), 어크로스,
    119-132, 137.

중앙선거관리위원회 선거연수원(2020), 『만 18세, 대한민국 유권자가 되다!』(18세 유권자용),
    8-13, 42-43.

진보교육연구소 비고츠키교육학실천연구모임(2015), 『관계의 교육학, 비고츠기』 살림터,
    35-36, 275-281.

최승복(2020), 『포노 사피엔스 학교의 탄생』 공명, 프롤로그.

최재붕(2019), 『포노 사피엔스―스마트폰이 낳은 신인류』 쌤앤파커스, 프롤로그, 25, 113-115.

최재천(2022), 『통섭의 식탁』 움직이는서재, 86.

토드 로즈(2015), 『평균의 종말』 정미나 옮김(2019), 21세기북스, 29-32, 108-109.

파커 J. 파머(1998, 2007), 『가르칠 수 있는 용기』 이종인, 이은광 옮김(2022), 한문화 멀티
    미디어, 89-129.

파커 J. 파머(2017), 『비통한 자들을 위한 정치학』 김찬호 옮김(2019), 글항아리, 57.

파울로 프레이리(1968/1970/1993), 『페다고지』(50주년 기념판), 남경태, 허진 옮김(2019), 그
    린비, 89-90.

페르난도 트리아스 데 베스(2005), 『시간을 파는 남자』 권상미 옮김(2006), 21세기북스.

폴 블룸(2016), 『공감의 배신』 이은진 옮김(2020), 시공사, 프롤로그, 48-51.

필립 페팃(2015), 『왜 다시 자유인가』 곽준형, 윤채영 옮김(2019), 한길사, 머리말, 1-3장.

함민복(1996), 「꽃」 『모든 경계에는 꽃이 핀다』 창비, 110-111.

헤먼트 타네자, 케빈 매이니(2018), 『언스케일』 김태훈 옮김(2019), 청림출판, 179, 296-
    298.

홍성수(2019), 『말이 칼이 될 때』 어크로스, 24.

• 괄호에 적힌 연도는 참고한 도서의 판본 발행일입니다.

교육과 ——— 교육학 사이